Lotte Bormuth

EIN FESTE BURG IST UNSER GOTT

Lotte Bormuth

Ein feste Burg ist unser Gott

Aus dem Leben von Martin Luther

FRANCKE
Verlag der Francke-Buchhandlung GmbH

Über die Autorin:
Lotte Bormuth ist eine der erfolgreichsten christlichen Autorinnen des deutschsprachigen Raumes. Über eine halbe Million Exemplare ihres mehr als 50 Titel umfassenden Werkes haben mit Lebensbildern, Berichten und selbst erlebten Begebenheiten unzähligen Menschen Trost, Mut und Freude am Glauben vermittelt. Sie hat fünf Kinder und 13 Enkelkinder und lebt mit ihrem Mann in Marburg.

Bibliografische Information Der Deutschen Bibliothek
Die Deutsche Bibliothek verzeichnet diese Publikation in der Deutschen Nationalbibliografie; detaillierte bibliografische Daten sind im Internet über http://dnb.ddb.de abrufbar.

ISBN 3-86122-805-X

35037 Marburg an der Lahn
Umschlaggestaltung: Henri Oetjen, DesignStudio Lemgo
Satz: Verlag der Francke-Buchhandlung GmbH
Druck: Koninklijke Wöhrmann, Niederlande

www.francke-buch.de

Inhaltsverzeichnis

Jugendzeit

Seine Kindheit und Jugend

Martin Luther gehört zu den bedeutenden Männern der Kirchengeschichte. Er ist bekannt als der Reformator und Bibelübersetzer. Geboren wurde er am 10. November 1483 in Eisleben, einer aufstrebenden Stadt von ca. 4000 Einwohnern in der Grafschaft Mansfeld. Er sagt von sich selbst: „Ich bin ein Bauernsohn; der Urgroßvater, mein Großvater, der Vater sind richtige Bauern gewesen. Ich hätte eigentlich, wie Philipp Melanchthon sagte, ein Vorsteher, ein Schultheiß und was sie sonst im Dorf haben, irgendein oberster Knecht über die anderen werden müssen. Danach ist mein Vater nach Mansfeld gezogen und ist dort ein Bergheuer geworden. Dorther bin ich.“ Da die Kindersterblichkeit in der damaligen Zeit groß war, wurde auch Luther, wie es üblich war, schon einen Tag nach seiner Geburt in der Pfarrkirche St. Peter und Paul getauft. Seinen Namen erhielt er nach Martin von Tours, dem Heiligen dieses Tages. Sein Vater arbeitete in gehobener Stellung in den Kupferbergwerken in Mansfeld.

Luther hatte noch drei Schwestern und einen Bruder, die nicht von einem frühen Tod hinweggerafft wurden. In der Familie von Hans Luther ging es zunächst recht einfach zu. So wird berichtet, dass die Mutter selbst im Wald Holz gesammelt und auf ihrem Rücken heimgetragen hat. Der junge Martin wurde auch zur Sparsamkeit erzogen. Später ging es der Familie finanziell besser, und der Vater hat es sogar zu einem gewissen Wohlstand gebracht. Doch Luther hat es nie vergessen können, dass es den Vater Arbeit und sauren Schweiß gekostet hat, ihm sein Universitätsstudium zu finanzieren. Dafür war er ihm Zeit seines Lebens dankbar.

Luthers Verhältnis zu seinen Eltern

Luthers Vater hat seine Kinder nie überfordert oder Unmögliches von ihnen erwartet. Nach seinem Tode erinnerte sich Luther daran, was ihm der Umgang mit seinem Vater bedeutet hat: „Alles, was ich bin und habe, das verdanke ich meinem Vater." In großer Ehrerbietung sprach er auch davon, dass sich seine Eltern herzlich liebten und sie den Kindern ein gutes Vorbild waren. Nach einem Glas guten Weines sang und scherzte der Vater oft im Kreis der Familie. Die Mutter war wohl zeitweise etwas schwermütig. Im Umgang mit anderen Menschen war sie zurückgezogen. Außerdem hatte sie viel Arbeit zu bewältigen, da sie einer großen Familie vorstand. Von den neun Kindern sind allerdings vier früh verstorben, wie schon erwähnt. Als kleiner Junge spielte Luther gerne mit seinem kleinen Bruder Jakob.

Der Vater selbst hatte keine Schulbildung genossen und konnte auch nicht lesen und schreiben. Da ist es um so begreiflicher, dass er stolz war, als sein Sohn Martin einen guten Bildungsweg einschlug und es bis zum Magister brachte. Als der Sohn aber ins Kloster eintreten wollte, kam es zu einem heftigen Konflikt mit seinen Eltern. Sie sahen darin einen Schritt des Ungehorsams, denn für sie galt das vierte Gebot: „Du sollst Vater und Mutter ehren!" Die Auseinandersetzungen dauerten noch an, als der Vater an der Primiz, der ersten Messe des neu geweihten Priesters Martin teilnahm. Er konnte es nicht verstehen, warum sein hervorragend ausgebildeter

Sohn ins Kloster eingetreten war. Er hielt es für einen jugendlichen, unüberlegten Schritt, durch den die Pläne, die er für Martin hatte, durchkreuzt worden waren. Gewiss söhnten sich Vater und Sohn später wieder aus; aber so ganz konnte der Vater seinem Jungen nicht verzeihen. Ihn beschäftigte die Angst, der Sohn ginge einen falschen Weg, und er hat sich lange gesträubt, in das Unabänderliche einzuwilligen. Das Erleben bei Stotternheim, als Luther durch ein Gewitter zu seinem Gelübde bewegt worden war, hielt der Vater für Blendwerk und Täuschung. Dadurch jagte er seinem Sohn Angst ein und weckte Zweifel an seiner Berufung. Dennoch suchte Luther den vertrauten Umgang mit seinem Vater, der aber oft nicht gelingen wollte. Der Vater bestand auf der Einhaltung des vierten Gebotes und hielt ihm immer wieder vor, er sei seinen Eltern ungehorsam gewesen. Gehorsam habe Vorrang vor dem Gelübde. Diese Sicht machte Luther schwer zu schaffen, obwohl ihm klar war, dass sein Vater nicht an Gottes Stelle zu stehen hatte. Aber im Laufe der Jahre normalisierte sich das Verhältnis Luthers zu seinen Eltern und Geschwistern. Ja, die Eltern nahmen sogar an seiner Hochzeit teil und empfanden darüber tiefes Glück. Mit der Heirat seines Sohnes erfüllte sich ein lang gehegter Wunsch des Vaters.

Als Hans Luther schwer erkrankt und dem Tode nahe war, tröstete ihn der Sohn in einem Brief. Darin teilte er dem Vater mit, er sei sich gewiss, „dass wir uns bei Christus wiederum sehen werden in kurzem, sintemal der Abschied von diesem Leben für Gott viel geringer ist, denn ob ich von Mansfeld hierher von Euch oder Ihr von Wittenberg von Mansfeld zu mir zöget. Das ist gewisslich wahr, es ist um ein Stündlein Schlafs zu tun, so wird's anders werden."

Für Luther selbst war es ein Trost, dass er wusste, dass sein Vater die Wahrheit des Evangeliums noch erkannt hatte und im Glauben heimgegangen war. Er vergoss um seinen Vater Tränen des Leids, als er auf der Veste Coburg von seinem Tod erfuhr.

Auch seiner Mutter schrieb er einen Trostbrief in dieser Situation der großen Trauer. Luther schenkte ihr die Erbauungsschrift seines Vorgesetzten im Kloster, Johann von Staupitz, „Von der Liebe Gottes".

Sonst wissen wir wenig über die Beziehung Luthers zu seinen Eltern. Aber er muss wohl äußerst streng von ihnen erzogen worden sein. Gehorsam den Eltern gegenüber war oberstes Gebot. In seinen Tischreden sagte Luther einmal: „Man soll die Kinder nicht zu hart stäupen. Mein Vater stäupte mich einmal so sehr, dass ich vor ihm floh und dass ihm bange war, bis er mich wieder zu sich gewöhnt hatte." Die allgemeine Vorstellung im späten Mittelalter über Gottes strafende und unerbittliche Strenge könnte sich bei Luther durch seine Erlebnisse mit dem Vater derart gesteigert haben, dass er sie weder umgehen noch beiseite schieben konnte. Seinen späteren Klostergefährten gelang es wohl eher, diese Sicht vom richtenden und strafenden Gott abzumildern. Er hingegen sah sich gezwungen, den unerbittlichen Gott bis in die letzten Konsequenzen und Abgründe hinein zu durchdenken und zu durchleiden. Er sagt: „Ich wurde von Kindheit an so gewöhnt, dass ich erblassen und erschrecken musste, wenn ich den Namen Christus auch nur nennen hörte: denn ich war nicht anders unterrichtet, als dass ich ihn für einen gestrengen und zornigen Richter hielt." Die irdische Vatererfahrung hatte das Bild vom himmlischen Vater verdüstert. Erst als Luther die wunderbare Gnade und unerschöpfliche Güte Gottes in der

Heiligen Schrift erkannt hatte, gelang es ihm, seine Sicht vom schrecklichen, richtenden und strafenden Gott der biblischen Wahrheit zu unterwerfen. Über die Mutter schreibt er: „Meine Mutter stäupte mich um einer einzigen Nuss willen, bis Blut floss. Und durch diese harte Zucht trieben sie mich schließlich ins Kloster. Obwohl sie es herzlich gut meinten, wurde ich dadurch nur verschüchtert. Sie vermochten das rechte Verhältnis zwischen natürlicher Anlage und der Bestrafung nicht einzuhalten. Man muss so strafen, dass der Apfel bei der Rute ist."

Luther in Mansfeld

Bis zum Alter von 14 Jahren ging Luther in Mansfeld zur Schule. Später in Erfurt wurde er in den Unterlagen als „Martinus ludher ex mansfelt" geführt. Auch wenn seine Eltern aus Thüringen stammten, fühlte er sich als Sachse. Mansfeld zog sich an einem Hügel entlang, und die Straße war noch nicht gepflastert. So gab es besonders im Herbst und Winter viel Schnee und Matsch. Aus diesem Grunde wurde der kleine Luther von Nikolaus Omler manchmal zur Schule getragen. Sie lag nicht weit vom Elternhaus entfernt. Mansfeld war beträchtlich kleiner als Eisleben und dürfte damals nicht mehr als 2000 Einwohner gehabt haben. Wer in die Stadt hineinfährt, sieht noch heute schon von weitem hoch oben auf der anderen Talseite das Schloss. Dieser Ort war eine aufblühende Grafschaft. Gerne lebten die Bürger in diesen vier Mauern. Größere Konflikte gab es mit der Obrigkeit wahrscheinlich nicht, jedenfalls wird uns nichts darüber berichtet. Aber zur Zeit der Reformation und der Bauernkriege änderte sich die Situation, als man den Bergbau verstaatlichte. Luther selbst sprach von Ausbeutung und Tyrannei, als die Arbeiter unterdrückt wurden.

Luthers Vater besaß ein eigenes Haus und zählte somit zu den Begüterten. Aber frei von Schulden war das Anwesen nicht. Etwa 100 Gulden lagen als Darlehen noch auf dem Gebäude. Hans Luther galt auch in der Bürgerschaft als ehrenwerter Mann und wurde zu verschiedenen Anlässen herangezogen. Er war anwesend, als eine Stiftung für die Altäre übergeben wurde. Die Georgskirche war nämlich einem Feuer zum Opfer gefallen und sollte nun wieder neu aufgebaut werden. Das Geld der Stiftung sollte für die beiden Altäre verwendet werden, die 1497 wieder eingeweiht wurden. Schon damals forderte man von allen, die an diesen Altären die Messe hörten, für 60 Tage Ablassgeld. Nachdem die Kirche fertig gestellt worden war, musste noch die Inneneinrichtung erfolgen. Leider wurde diese Kirche 1502 erneut von einem Brand heimgesucht. Auch hier war Hans Luther zugegen, als die große Summe von 400 Gulden vom Bergvogt Reinecke gespendet wurde. Die reichen Unternehmer des Bergwerks waren bereit, ihre Kirche wieder aufzubauen. 1503 wurden wieder zwei Altäre geweiht.

Leider ist uns über die Zeit, als Luther in Mansfeld lebte, nur wenig bekannt. Somit wissen wir nichts über seine Erstkommunion und seine Firmung. Hans Luther muss wohl in einem einvernehmlichen Verhältnis zu den Pfarrern gestanden haben. Doch es gab auch Konfliktsituationen. Als Luthers Vater einmal lebensgefährlich erkrankt war, besuchten ihn die geistlichen Herren und forderten ihn auf, etwas von seinem Vermögen der Kirche zu vererben. Aber Hans Luther lehnte dies strikt ab, da er ja Kinder hatte, und diesen sollte seine Hinterlassenschaft zukommen. Er wollte nichts verschenken. Hans Luther war auch nicht sehr gut auf Mönche und Priester zu sprechen, die ständig auf ihre angeblichen Rechte pochten. Wahrscheinlich stammte auch von daher die Abneigung des Vaters gegenüber Klöstern, als sein Sohn selbst Mönch werden wollte. Doch es wäre falsch, von dieser Aversion gegen die Mönche auf eine fehlende Frömmigkeit von Hans Luther zu schließen; denn es wird uns berichtet, dass der Vater am Bett seiner Kinder mit ihnen gebetet habe. Auch die Mutter war eine fromme, ernste Christin.

Zur damaligen Zeit gehörte zum christlichen Leben auch die Vorstellung vom Teufel. Oft herrschte in dieser Beziehung purer Aberglaube. Luther waren viele Teufelsgeschichten bekannt. Auch sein Vater war nicht frei von solchem Denken. Als sein Sohn ins Kloster eintreten wollte, befiel ihn die Angst, Martin ginge einen unbedachten, teuflischen Weg. Er meinte, bei dem Gewittererlebnis von Stotternheim habe der Teufel seine Hand im Spiel gehabt. Vielleicht hing der Glaube an den Teufel auch mit der Arbeit der Bergleute zusammen, die oft im Schacht tief unter der Erde arbeiten mussten und von Gefahren bedroht wurden. Es war für die Männer mit einem besonderen Risiko verbunden, das Erz aus dem Erdreich heraufzuholen. Wurde ein Arbeiter krank oder erlitt er einen Unfall, dann war nach ihrer Sicht meist der Teufel der Urheber dieses bösen Geschickes.

Auch Luthers Mutter hatte schreckliche Ängste vor bösen Mächten, obwohl sie eine gottesfürchtige Frau war. Eine Nachbarin hielt sie sogar für eine Hexe. Mit ihr stellte sie sich gut, damit ihre Kinder ja nicht von ihr verhext und ins Unglück gezogen würden. Sogar Martin Luther hat einmal behauptet, dass sein Bruder von einer Giftmischerin getötet worden sei.

Der Teufel und das Böse waren damals eine Realität, mit der jeder rechnete. Auch der Pfarrer war der Ansicht, dass immer am Fastnachtsdonnerstag der Teufel mit seinem wütenden Heer durch die Lande ziehe. Dagegen helfe nur das Geläut der Glocken, das die Dämonen und das Böse in die Flucht schlüge.

Martin Luther war ein sensibles Kind. Er hörte natürlich alle diese Geschichten und nahm sie sehr ernst. Er stand später dem Teufel und seinen Mächten sehr feindlich gegenüber und wehrte sich in seiner derben Sprache auch dagegen. Und doch wusste er, dass dem Teufel Grenzen gesetzt waren. Gott ist der Sieger über alle Feinde und dämonischen Mächte. Nie dürfe sich der Mensch mit dem Teufel einlassen, sagte Luther. Besser sei es, ihm das Hinterteil zu zeigen. Der Teufel sei der schlimmste Feind der Menschen; aber wer Gott vertraue, brauche keine Angst vor ihm zu haben, denn der Allmächtige sei immer stärker als der Satan.

Luther in der Schule

An drei Orten ging Martin Luther zur Schule, zuerst in Mansfeld, dann in Magdeburg und schließlich in Eisenach. Seine Ausbildung in Mansfeld war hervorragend. Auch in religiöser Hinsicht wurden die Kinder in der damaligen Zeit sehr gefördert. Der Unterricht begann immer mit dem Lied „Komm, Heiliger Geist ..." und wurde auch mit diesem Gesang beschlossen. Viele Glaubensinhalte wurden den Schülern vermittelt. So lernte Luther früh den Umgang mit der Liturgie und dem Gebet kennen.

Wie schon erwähnt, spielte in dieser Zeit die Vorstellung von der Macht der Dämonen eine große Rolle. Sie waren für die Menschen eine böse Realität. Manche Erkrankungen führte man auf ihren Einfluss zurück. Luther selbst berichtet darüber: „Als ich noch ein Knabe war, wurde einst eine Geschichte erzählt, dass der Teufel zwischen einem Manne und seinem Weibe, die einander sehr lieb hatten, einen Zwist zu erregen vermochte. Das erreichte er durch ein altes Weib, das einem jeden ein Rasiermesser unter das Kopfkissen legte. Dies sagte die Alte beiden. Der Mann fand es und brachte sein Weib um. Da kam der Teufel und überreichte der Alten ein Paar Schuhe an einer langen Stange. Als das alte Weib fragte, warum er nicht zu ihr herkomme, gab der Teufel zur Antwort: Du bist noch schlimmer als ich, denn du hast bei dem Ehepaar das fertig gebracht, was ich nicht erreicht hätte. So sehen wir: Der Teufel ist immer dem feind, was unser Herrgott macht."

Als Luther 14 Jahre alt war, schickten ihn seine Eltern nach Magdeburg und später nach Eisenach. In Eisenach musste er sich einen Teil seines Lebensunterhalts selber verdienen, indem er vor den Häusern der Wohlhabenden sang. Diese Art des Bettelns war damals weit verbreitet. Luther machte nie ein Hehl daraus, dass er bäuerlicher Abstammung war und sein Vater nur wenig Vermögen besaß. Infolge dieser Erziehung zur Sparsamkeit nahm er auch später nie eine verschwenderische Lebensweise an. Er war aufgeweckt, intelligent und hatte Freude am Lernen. Er war ein aufgeschlossener, kontaktfreudiger Schüler und konnte immer seinen Lernstoff gut bewältigen. Zum Studium an der Universität brachte er dadurch gute Voraussetzungen mit. In Eisenach kam er auch in Berührung mit Menschen, die ein frommes, spirituelles Leben führten. Das trug wesentlich zu seiner geistlichen Entwicklung bei.

Das Studium in Erfurt

Erfurt war eine Stadt, in der es sich gut studieren ließ. Sie war aufstrebend und lag in einer fruchtbaren Gegend, in der sogar Wein angebaut wurde. Allerdings hatten die Winzer in ertragreichen Jahren Mühe, ihren teuren, guten Wein zu verkaufen. Aus einer Predigt des Theologen Sebastian Weimann ist der Satz bekannt: „Gott plagt andere Leute mit Teuerung, uns straft er mit Fülle." Erfurt lag auch verkehrsmäßig sehr günstig am Schnittpunkt großer Handelsstraßen. Luther schätzte diese Stadt, die das Zentrum des fruchtbaren thüringischen Landes bildete. „Erfurt liegt am besten Ort. Da muss eine Stadt stehen, wenn sie gleich wegbrennen würde", sagte er von ihr. Hier lernte er auch die Münzwährung Scherf kennen und hat ihr in der Bibel mit dem „Scherflein der Witwe" einen unauslöschlichen Platz in der deutschen Sprache eingeräumt.

Im Sommersemester 1501 wurde Luther in Erfurt immatrikuliert. Aus diesem Anlass fand im Dom eine feierliche Messe mit Predigt und musikalischer Umrahmung statt.

Zunächst musste jeder Studienanfänger das Studium der Freien Künste erfolgreich abschließen. Erst danach konnte er sich der Theologie, der Medizin oder der Jurisprudenz zuwenden. Luther wohnte, wie die anderen Studenten, in einer so genannten Burse. Das war eine Art Studentenwohnheim. Hier musste Latein gesprochen werden, Besuch von Frauen war nicht gestattet, und Trinkgelage durften auch nicht abgehalten werden. Die Studenten wohnten in spartanisch eingerichteten Schlafsälen und Arbeitsräumen. Um vier Uhr morgens standen die jungen Männer auf und abends gingen sie um acht Uhr zu Bett. Das Essen war recht gut. Es gab zwei Mahlzeiten pro Tag. Eifriges Studieren wurde verlangt. Wer sich den Ordnungen widersetzte, konnte von dem Wohnheim ausgeschlossen werden. Er riskierte damit auch den Ausschluss von den akademischen Prüfungen.

Das geistliche Leben wurde intensiv gepflegt. In der „Himmelspforte“, wie sich Luthers Burse nannte, sollten die Studenten in fünfzehn Tagen den Psalter durchbeten. Hier wurde Martin Luther wohl zum ersten Mal näher mit dem so wichtigen Buch des Alten Testaments bekannt, das in seinem späteren Leben und in seiner Theologie eine bedeutende Rolle spielen sollte. Auch während der Mahlzeiten wurden biblische Texte vorgelesen. Die Gottesdienste an Sonn- und Feiertagen wurden gemeinsam besucht. Dass die Studenten auch regelmäßig zur Beichte gingen, war damals selbstverständlich.

Luther muss sich dieser strengen Disziplin wohl untergeordnet haben, sonst hätte er nicht in so kurzer Zeit seine Prüfungen bestehen können. Nach dem Grundstudium widmete er sich zunächst der Philosophie. Dann begann die Zeit, in der er sich dem Jurastudium zuwandte. Diese Fakultät genoss in Erfurt einen guten Ruf.

Aber diesem Studiengang blieb Luther nur wenige Wochen treu. Er brach ihn ab, verkaufte seine Bücher und ging ins Kloster. Die fromme Atmosphäre des Studiums in Erfurt schuf Rahmenbedingungen, die in vieler Hinsicht schon einem Leben im Kloster glichen. So war es damals keine Seltenheit, dass sogar Gelehrte mit einer Ausbildung zum Magister in ein Kloster eintraten. Dennoch setzte es die Umgebung von Martin Luther in Verwunderung, als auch er diesen Schritt vollzog. Um dies näher verstehen zu können, müssen wir bedenken, dass es damals in seinem Leben manche Krisen gab. Eine solche Krise wurde durch eine Wunde heraufbeschworen, die er sich bei einer Reise nach Hause zugezogen hatte. Als Student trug er einen Degen, mit dem er sich unglücklich die Schlagader an seinem Bein verletzte. Er wäre fast daran verblutet, da es viel zu lange dauerte, bis ein Arzt ihm helfen konnte. Zwar konnte ein Chirurg den Blutstrom stillen, aber in der Nacht brach die Wunde wieder auf. In seiner Not rief Luther die Gottesmutter an. Er durfte genesen und vertrieb sich bis zur völligen Heilung die Zeit damit, dass er Laute spielen lernte.

Ein weiteres Ereignis erschütterte ihn sehr: Im Jahr 1505 war die Pest ausgebrochen. Unter den tödlichen Opfern, die sie forderte, befanden sich auch Professoren und Dozenten der Universität. Ebenso starb ein Student, mit dem Luther zusammen das Magisterexamen gemacht hatte. So wurde er von der Angst gequält, früh sterben zu müssen. Der Gedanke, dass er vor Gott treten und sich vor ihm verantworten sollte, wühlte ihn innerlich stark auf. Er sprach von schlimmen Anfechtungen, die er zu durchleiden hatte. Es wurde ihm klar, dass er über der Beschäftigung mit den zeitlichen Wissenschaften die Suche nach den ewigen Werten vernachlässigt hatte.

Nach dem bestandenen Magisterexamen begann Luther sich zum ersten Mal eingehender mit der Bibel zu beschäftigen. In der Erfurter Universitätsbibliothek fand er eine Ausgabe der ganzen Heiligen Schrift. Er las eifrig darin, und so ist es verständlich, dass er sich später nach dem Eintritt ins Kloster stark damit auseinander setzte.

Klosterzeit

Luthers Weg ins Kloster

Während des Sommersemesters 1505 wollte Luther für ein paar Tage zu seiner Familie reisen. Es ist anzunehmen, dass sein Vater ihn nach Hause gerufen hatte. Er wollte ihn wohl mit einer reichen, angesehenen Frau bekannt machen, die er heiraten sollte. Als Luther sich schon wieder auf dem Rückweg befand, wurde er plötzlich kurz vor Erfurt in der Nähe des Dorfes Stotternheim von einem Gewitter überrascht. Grelle Blitze und gewaltige Donnerschläge erschreckten ihn. Bei einem Blitzstrahl meinte er schon die Nähe des Todes zu verspüren. Von Angst übermannt, rief er: „Hilf du, heilige Anna, ich will ein Mönch werden!“ Er hatte sich deshalb an die heilige Anna gewandt, weil diese die Schutzpatronin der Bergleute war; denn sein Vater war ja Bergmann. Der Gedanke, vom Blitz tödlich getroffen zu werden und dann vor Gott im Gericht Rechenschaft über sein Leben geben zu müssen, quälte Luther so sehr, dass er dieses Gelübde auch einhielt. Mit dem Entschluss, Mönch zu werden, musste er zugleich seine Lehrtätigkeit an der philosophischen Fakultät in Erfurt einstellen.

So klopfte er am 17. Juli 1505 an die Klosterpforte und begehrte Einlass. Der Pförtner empfing ihn freundlich und führte ihn zum Prior. Gemeinsam gingen sie zunächst in die Kirche, um zu beten. Der Neuankömmling wurde im Gästehaus untergebracht; denn das Kloster wollte ihn erst einmal richtig kennen lernen und prüfen, ob es ihm auch mit seinem Entschluss ernst sei. Dann ging Luther zum Prior zur Generalbeichte. Er ließ sein ganzes Leben vor seinem inneren Auge vorüberziehen und sprach in Gegenwart des Priors alles aus, was ihm an Schuld bewusst geworden war.

Nach einer kurzen Zeit trug er die schwarze, ungeweihte Kutte, die ihm der Prior mit den Worten überwarf: „Es bekleide dich der Herr mit dem neuen Menschen, der nach Gott geschaffen ist in Gerechtigkeit und Heiligkeit der Wahrheit." Mit dem Friedenskuss wurde er in die Gemeinschaft des Ordens aufgenommen. Ihm wurde dabei deutlich gemacht, dass nur der selig wird, der den angefangenen Lauf auch vollendet. Aber erst nach Ablauf eines weiteren Jahres kam dann der Tag, an dem Luther das Mönchsgelübde ablegte. Daraufhin erhielt er jetzt die geweihte Kutte. Am 27. Februar 1507 wurde Luther zum Priester geweiht. Zu dieser großartigen Feier war auch sein Vater mit etwa 20 Angehörigen und Freunden erschienen. Er schenkte dem Kloster sogar 20 Gulden. Aber er versetzte seinen Sohn auch in eine innere Unruhe mit der Frage, ob er denn auch wirklich bei dem Gewitter in Stotternheim recht gehandelt habe.

Der Eintritt ins Kloster war Luther nicht leicht gefallen. Er sagte selbst dazu, dass er Gott den großen Gehorsam darbringen wollte. Sein Ziel war es, das Heil der Seele zu erringen. Als Mönch lebte er in einer unbeheizten Zelle, die nur mit Tisch, Stuhl, Bett und einer Lampe ausgestattet war. Schweigen und Fasten sollten ihm helfen, seine eigenen Bedürfnisse zurückzudrängen und sich in Selbstbeherrschung zu üben. Manchmal musste er auch als Bettelmönch Geld für das Kloster sammeln. Aber das Entscheidende, das er als Mönch lernen sollte, war die Hingabe seiner Seele an Gott. Ihm sollte und wollte er dienen. Täglich beichtete er seine Sünden, las eifrig in der Bibel und betete innig zu Gott. In Armut und Keuschheit wollte er leben.

Seine Vorgesetzten erkannten seinen Eifer. Am 2. Mai 1506 hatte er schon seine erste Messe lesen dürfen. Die Bibel, die er im Kloster erhalten hatte, wurde ihm sehr vertraut. Er versenkte sich in das Lesen des Wortes Gottes und wusste auch, wo die Verse standen. Aber immer wieder geriet er in Konflikte, ob er denn auch die Ordensregeln halten könnte. Er wusste um seine Sündhaftigkeit. Auch war das Leben im Kloster sehr hart. Luther sagte, dass er einmal beim Gottesdienst fast erfroren sei. Schon mitten in der Nacht fingen die Stundengebete an. Ein Mönch musste beim Geläut der Glocke sofort aufstehen, sich ordentlich ankleiden, sich mit Weihwasser bekreuzigen, vor dem Hochaltar auf die Knie fallen und dann seinen Platz einnehmen. Jeder hatte am Singen und Beten der Stundengebete teilzunehmen. Für Martin Luther war der Gottesdienst eine ernsthafte Angelegenheit. Den Psalter und das Vaterunser lernte er auswendig, aber es fehlte ihm noch die innige Beziehung zu Christus und die Gewissheit des Heils. Er sprach gelegentlich vom „Flattergebet“, weil man als Mönch den Leistungscharakter des Gebetes vollzog. Er war sich nicht sicher, ob er mit seinem Beten Gott gefallen würde. Durch sein ängstliches Gewissen geriet er in schwere Anfechtungen. Manchmal kam er auch vor lauter Arbeit an der Universität nicht zum vorgeschriebenen Beten. Dann litt er unter Schuldgefühlen, schloss sich am Wochenende ein, fastete und versuchte, seine Versäumnisse aufzuholen. Das führte zu Erschöpfungszuständen und Schlaflosigkeit, die mit Sehstörungen verbunden waren. Diese Erfahrungen veranlassten Luther, die Übung des

Stundengebetes aufzugeben. Aber dennoch blieb er ein Beter.

Auch die Beichte war ein wichtiges Element im Leben eines Mönches. Man unterschied zwischen leichter, schwerer, schwererer und ganz schwerer Schuld. Als Strafe für ein leichtes Vergehen hatte man einen Psalm oder auch andere Gebete zu sprechen. Als leichte Schuld galt, wenn man im Chor oder beim Essen zu spät kam, nicht gut las oder sang, sich leichtfertig benahm und die Augen umherschweifen ließ, wenn man in der Kirche unruhig war, wenn man lachte oder andere dazu verleitete, während des Chorsingens schlief, ein Buch nicht wieder an seinen richtigen Platz stellte, Gegenstände beschädigte, Speisen verschüttete, fluchte, sich über Essen und Kleidung beschwerte und das vorgeschriebene Schweigen brach.

Als schwere Schuld galt, wenn man sich mit anderen stritt, üble Nachrede führte, die Unwahrheit sagte, mit einer Frau redete oder das Fasten nicht einhielt. Die Strafe dafür bedeutete, dass man drei Tage auf der Erde liegen, fasten und dabei Psalmengebete sprechen musste. Über die schwersten Vergehen ist uns bei Luther in dieser Zeit nichts bekannt.

An diesem Schuldkatalog erkennt man, wie das Leben im Kloster von einem engen Rahmen von Regeln bestimmt wurde. Luther hat dies als eine Art Tyrannei empfunden, denn im Garten durfte noch nicht einmal ohne Erlaubnis ein Blatt abgepflückt werden. Eine Freiheit vom Gesetz fehlte ganz und gar. Diese Einsicht kam Luther nicht leichtfertig in den Sinn. Er war kein Rebell und auch kein aufmüpfiger, trotziger Mönch. Vielmehr wollte er Gott von ganzem Herzen dienen. Er hoffte durch sein strenges mönchisches Leben der Gnade Gottes mehr teilhaftig zu werden. Nicht nur sein Besitz, sondern seinen ganzen Leib wollte er als Opfer darbringen.

Die Mönche sollten ganz genau in sich hineinhorchen und alle Sünden beichten, damit sie so dem Urteilsspruch Gottes zuvorkommen könnten. Damit war die Beichte eine Mischung von eigener Leistung und zugleich Entlastung durch die Vergebung Gottes. Luther berichtete, dass er einmal sogar sechs Stunden gebeichtet habe. In den Anfechtungen war ihm das seelsorgerliche Beichtgespräch Trost und Hilfe. Einmal bekannte er: „Wir machten die Beichtväter müde", und dabei dachte er an die Häufigkeit der Sündenbekenntnisse. Oft traten bei ihm auch Zweifel auf, ob Gott ihm denn alle Sünden vergeben habe. Dann kam in ihm die Angst vor dem Fegefeuer auf, wie sie damals gepredigt wurde. Luthers Beichtvater war Johann von Staupitz. Er verstand sein Beichtkind in seiner inneren Zerknirschung nicht recht und bezeichnete Luthers Sünden als „Humpelwerk und Puppensünden". Luthers Wille zum Bekenntnis aller Verfehlungen hing damit zusammen, dass er nicht zwischen großen und kleinen Sünden unterscheiden wollte, denn er wusste sich durch jede Sünde von Gott getrennt. Doch alle eigenen Anstrengungen halfen ihm nicht weiter. Dazu sagt er selbst: „Wenn je ein Mönch mit seinen Anstrengungen ans Ziel gekommen ist, dann hätte das bei mir der Fall sein müssen."

Luther erkannte seine eigene Begrenztheit. Seine frommen Leistungen waren zu wenig, und es war ihm noch nicht zur Gewissheit geworden, dass allein die Gnade Gottes ihn retten konnte. So blieb er ein Suchender.

Luther als Priester

Mit großem Bangen sah Luther seiner ersten feierlichen Messe am Sonntag „Kontate“ im Jahr 1507 entgegen; denn in der Messe ging es ja nach katholischer Sicht um die leibliche Gegenwart Christi in den Elementen von Brot und Wein. Die Heiligkeit Christi berührte ihn im Innersten, und er fragte sich, ob er würdig sei, diesem Herrn zu begegnen; denn Jesus war nicht nur Heiland, sondern auch Weltenrichter. Gewiss wurde auch gelehrt, dass Gottes Barmherzigkeit größer sei als sein Strafgericht. Aber für Menschen, für die die Messe eine heilige Handlung war, blieb doch ein Zittern. Deshalb fragte sich Luther immer wieder, ob er auch alle Sünden gebeichtet habe, damit er seinem Herrn recht begegnen könne. Am liebsten wäre er vom Altar weggelaufen. Aber der Prior hielt ihn an, mit der Messe fortzufahren. Schwer wog auch bei der Feier an diesem Tag der Vorwurf seines Vaters, er sei den Eltern den Gehorsam schuldig geblieben, als er sein Studium abgebrochen habe und ins Kloster gegangen sei. So kamen neue Zweifel in ihm auf, ob seine Entscheidung wirklich auf eine göttliche Berufung zurückgehe.

Aber Luther erlebte auch frohe Stimmungen, wenn ihm z. B. eine Messe gut gelungen war. Dann kam die Überzeugung in ihm auf, er habe Gott ein Opfer gebracht. Wieder war es die fromme Leistung, die vor dem Vertrauen auf Gott stand. Auch die Kommunion machte ihm Not. Manchmal wäre er lieber zehn Meilen weit gegangen, als das hohe Sakrament zu empfangen. Er schob den Gang zum Altar immer wieder auf. Das Bewusstsein seiner Schuld war so stark in ihm, dass er sogar während einer Messfeier einen Priester zu sich rufen musste, um noch einmal zu beichten. Wie gerne hätte er das Abendmahl empfangen, wenn er dazu würdig gewesen wäre. Die unvorstellbare innere Not, die ihn dabei überkam, entsprang der Grundstruktur mittelalterlicher Theologie. In ihr hieß es, dass der Mensch alles tun müsse, was in seiner Macht liege, um sich für den Empfang der göttlichen Gnade im Sakrament würdig zu erweisen. An dieser Stelle lag das Problem Luthers.

Hinzu kam, dass er Schwierigkeiten hatte, der Messliturgie korrekt zu folgen. Bei den Einsetzungsworten durfte er sich nicht versprechen. Sogar ein Stammeln war verboten. Dies galt als schwere Sünde. So war seine Angst verständlich, und sie führte erst recht zu einer gehemmten, stockenden Sprechweise. Doch allmählich lernte Luther, die Angst zu überwinden.

Weil er die Messe für so heilig hielt, fiel es ihm schwer, daran Kritik zu üben. Als das entscheidende Sakrament stand sie im Zentrum allen kirchlichen Handelns. Die Lehre vom Priestertum war aufs Engste damit verbunden. Denn nur der geweihte Priester durfte die Messe als eine Handlung durchführen, in der die Kirche das blutige Opfer Christi am Kreuz noch einmal auf unblutige Weise vollzog. Darin war auch der Gedanke enthalten, dass hiermit die Menschen Gott selber etwas darbrachten. So steckte in dem heiligsten Geschehen die Vorstellung der menschlichen Leistung Gott gegenüber.

Luther in seinen Anfechtungen

Der Gedanke, Christus im Gericht begegnen zu müssen, war für Luther erschreckend. Denn Gott beurteilt die Menschen nach ihren Werken. So war auch die Vorstellung vom Jüngsten Tag mit Furcht verbunden und erinnerte Luther an Hölle und Fegefeuer. Die damalige Ablasspraxis trug kräftig zu solchen Ängsten bei. So ist es verständlich, dass Luther an Nahtstellen seines Lebens die Heiligen anrief, wie er dies auch bei dem Ereignis in Stotternheim getan hatte, als er sich in seiner Not an die heilige Anna gewandt hatte. Auch unter dem weiten Mantel der Gottesmutter Maria suchten die Gläubigen Schutz.

Von Bernhard von Clairvaux war Luther das Bild von Gott als dem thronenden Richter bekannt, vor dem Christus kniete und als Versöhner auf seine Wunden zeigte. Aber das bedeutete noch nicht, dass nun Gott unmittelbar durch Christus den Menschen zugänglich war. Denn vor Christus kniete wiederum Maria, um darauf hinzuweisen, dass sie seine Mutter war, die ihn genährt hatte. Sie war die eigentliche Vermittlerin, zu der die Gläubigen kommen sollten. Vor ihr fürchteten sie sich nicht, und sie forderte keine Leistungen von ihnen. Durch sie und die vielen Heiligen sollte eine Brücke zwischen Gott und Mensch geschlagen werden.

So floh Luther gleichsam vor Jesus dem Gekreuzigten, suchte bei Maria Schutz und wollte sich durch gute Werke und Leistungen die Vergebung verdienen.

Hilfe in dieser Glaubensnot bot ihm sein Beichtvater von Staupitz. Er warnte Luther davor, sich durch eigenes Streben nach Vollkommenheit und gute Werke einen Freispruch bei Gott verdienen zu wollen. Er riet ihm, sich auf Jesus Christus zu verlassen. Mit diesem Hinweis leuchtete zum ersten Mal ein Licht in Luthers Lage auf. Später sagte er sogar, dass von Staupitz ihm wesentlich zu seiner reformatorischen Erkenntnis geholfen habe. Anders wäre er ein „päpstlicher Esel“ geblieben.

Außerdem quälte ihn die Frage, ob nicht ein Mensch ganz von der Gnade Gottes verlassen und somit ewig verloren sein könne. Denn in dieser Situation nütze es gar nicht, bei den Heiligen Zuflucht zu suchen. Der brennende Zorn Gottes zerstöre einen Menschen. Diese Glaubensnot hing mit dem religiösen Verständnis der damaligen Zeit zusammen. Gewissheit des Heils gab es nicht. Keiner konnte sicher sein, dass Gott ihn wirklich annehmen würde. Wer behauptete, Glaubensgewissheit zu haben, den hielten die Theologen für einen Gotteslästerer.

Dazu kam noch eine andere seelische Not. Der von Anfechtung tiefgeplagte Mensch, der nicht mehr auf die Güte Gottes vertrauen konnte, geriet oft in eine abgrundtiefe Traurigkeit und Depression. Unter Mönchen war solch ein Zustand als „Bad des Satans" bekannt. Luther hat Ähnliches durchlitten und schreibt darüber in Anspielung auf die Aussage des Paulus in 2. Korinther 12,3, indem er bewusst das Gegenteil der dort geschilderten Paradieserfahrung darstellt: „Ich kenne einen Menschen, der von sich behauptet hat, häufiger solche Strafen erlitten zu haben, freilich nur einen ganz kurzen Zeitabschnitt lang. Aber sie waren so groß und so höllisch, wie keine Zunge es sagen und keine Feder und kein Unerfahrener glauben kann, so dass, wenn sie nur eine halbe Stunde oder den zehnten Teil einer Stunde gedauert hätten, er völlig zugrunde gegangen und alle seine Gebeine zu Asche geworden wären. Hier erscheint Gott schrecklich erzürnt und mit ihm gleichermaßen die ganze Kreatur. Da gibt es keine Flucht, keinen Trost, weder innen noch außen, sondern alles klagt an. Es ist wunderlich zu sagen, dass in einem solchen Augenblick die Seele nicht glauben kann, dass sie je gerettet werden könne."

Man könnte diese Erfahrung Luthers als einen krankhaften seelischen Zustand darstellen. Aber für Luther war dies nicht ein Problem seiner Psyche, sondern ergab sich aus seiner Begegnung mit dem lebendigen Gott. Denn Luther war nicht einer tatenlosen Schwermut verfallen, sondern hat trotz alledem weitergearbeitet. Andere haben es aus einem Vaterkomplex heraus deuten wollen. Doch ähnliche religiöse Erfahrungen seiner Zeitgenossen zeigen, dass diese Erklärung nicht ausreicht. Letztlich ging es um die Frage der Erwählung oder Verwerfung durch Gott. Bei der Beschäftigung mit Augustins Aussagen über die Prädestination kam Luther der Gedanke, dass er vielleicht von Gott zur Verdammnis vorherbestimmt sei. So fing er sogar an, Gott zu hassen.

Wieder war es von Staupitz, der Luther in seiner tiefen geistlichen Not beistand und sein Beichtkind auf Christus hinwies. Jesu Wunden und Schmerzen solle er anschauen, um von diesen schweren Gedanken loszukommen. Dankbar nahm Luther diesen Rat an und bekannte später, dass er längst ohne die Hilfe von von Staupitz in der Hölle brennen würde. Dieser machte ihm auch deutlich, dass der Glaube immer angefochten bleibe, und die Anfechtung sogar ein Hinweis darauf sei, dass der Mensch Gott nahe sei. Das beste Beispiel biete uns Christus, der in der höchsten Anfechtung den Trostspruch seines himmlischen Vaters erfahren habe.

So blieb Luther auf seinem ganzen Lebensweg ein angefochtener Mensch. Besonders in der Zeit auf der Wartburg quälte ihn die Frage, ob er zu Recht den Konflikt mit dem Papst und der Kirche angezettelt habe. Durfte er als Einzelner gegen die Mehrheit der Kirche ankämpfen?

Luther und die Bibel

Wie berichtet, erhielt Luther durch von Staupitz wesentliche Hilfe zur Überwindung seiner Zweifel und Anfechtung. Auch andere gaben ihm guten seelsorgerlichen Rat. Doch die beste Erkenntnis erlangte er durch die Bibel selbst. Durch seinen Weg ins Kloster war ihm die Sicht für die Problematik der damaligen Haltung der Kirche im Blick auf Beichte, Messe und Mönchtum ermöglicht worden. Er nahm sein Mönchtum ernst, litt aber, wie schon gesagt, auch sehr darunter. In ehrlichem Ringen suchte er nach Lösungen. So führte er den Kampf gegen kirchliche Traditionen vor allem auf der Grundlage des biblischen Wortes. Seit dem Jahre 1505 hatte er ein persönliches Verhältnis zur Heiligen Schrift gewonnen. Seine Erkenntnisse gewann Luther nicht am Schreibtisch. Eigentlich hatte er von sich aus nie die Laufbahn eines Bibelauslegers angestrebt; aber durch die Fragen nach Beichte, Messe und Mönchtum wurde er in diese Rolle gedrängt.

Auch schon im späten Mittelalter wurde die Bibel im Gottesdienst ausgelegt. Eine Hilfe dabei waren die Kommentare der alten Kirchenväter. Doch Luther war der Ansicht, dass die Bibel nicht richtig verstanden wurde. Beispielsweise hielt man den Römerbrief als für das eigene Zeitalter unbrauchbar, da es sich nur um Auseinandersetzungen des Paulus mit der Theologie seiner Zeit handele. Viel beachtet wurden dagegen die Werke von Scholastikern wie Thomas von Aquin und Duns Scotus. So blieb die Heilige Schrift selbst unbekannt und verborgen. Die Schuld dafür trugen zum Großteil die Universitäten. Luther wehrte sich heftig dagegen, dass die Aussagen der Philosophen, die Geschichte und die Streitereien der Juristen mehr im Mittelpunkt standen als die Bibel selbst. So gab es Professoren der Theologie, die ganze Regale voller Bücher besaßen, aber keine Bibel hatten. Auch in den Klöstern, die doch Zentren geistlichen Lebens sein sollten, wurde das Bibelstudium vernachlässigt.

Luther war der Meinung, dass man die Bibel lesen, darüber meditieren und ihre Worte gleichsam „wiederkäuen“ sollte. Nur so könne man den Geist wahrnehmen, der in ihr sei. In einem Bild vergleicht er die Heilige Schrift mit einem Garten voller Nüsse, die man erst einmal knacken müsse, um an den Kern zu kommen.

Schon als junger Mensch war Luther durch die Liturgie und die Lesung der gottesdienstlichen Texte mit der Heiligen Schrift in Berührung gekommen. Es wird berichtet, dass er bereits als Kind die Geschichte von Hanna, der Mutter Samuels, gelesen habe. Kurz darauf habe er sich einen Band mit Predigten gekauft, den er mit besonderer Freude gelesen habe. Aus seiner Klosterzeit wissen wir, dass er eine eigene Bibel besessen hat. Sie war rot eingebunden. Neben den Ordensregeln sollten die Mönche auch die Bibel lesen. Luther sagt einmal von sich: „Ich habe meine Theologie nicht auf einmal gelernt, sondern habe immer tiefer und tiefer hineingraben müssen; dahin haben mich meine Anfechtungen gebracht, weil man ohne Übung nichts lernt.“

Luther hatte ein sehr gutes visuelles Gedächtnis und war mit seiner Bibel so vertraut, dass er wusste, auf welcher Seite die einzelnen Stellen zu finden waren. Ihm tat es Leid, dass man ihm seine erste Bibel weggenommen hatte. Sein Psalmenband war sehr zerfleddert und zerlesen. Aber er legte ihn nie mehr aus seinen Händen. Jedes Jahr las er zweimal die Bibel durch und sagte davon, dass er „alle Ästlein an diesem Baum abgeklopft habe". Mit seiner Liebe zur Bibel bildete er unter den Mönchen seines Klosters eine Ausnahme. Die meisten seiner Mitbrüder lasen sie überhaupt nicht.

Ab dem Jahre 1508 erteilte er in Erfurt und Wittenberg Unterricht in Philosophie. Zugleich musste er sich als Student der Theologie mit der Scholastik auseinander setzen. Ein eifriges Bibelstudium wäre ihm lieber gewesen. Er hätte auch gerne die Philosophie gegen die Theologie eingetauscht. Er meinte allerdings damit eine Theologie, die den „Kern der Nuss und das Mark des Weizens und der Knochen erforschen" wollte.

Er lernte, tief in die Schrift hineinzuhören. Stellen, die er nicht verstand, beschäftigten ihn über einen langen Zeitraum. Immer wollte er den Aussagen auf den Grund gehen. In seinem Studium der Theologie ging er oft eigene Wege. Deshalb geriet er schon bald in die Auseinandersetzung mit der vorherrschenden Lehrmeinung. Die Ausleger der Bibel prüfte er am Wort Gottes selbst. So entwickelte er im Verhältnis zu den anderen Studenten seine eigene Studienart. Wenn er einen Bibeltext neu begriffen hatte, freute er sich sehr und fühlte sich wie neugeboren. Vorher hatte er die Bibelstellen nur aus Pflichtbewusstsein gelesen. Nun lernte Luther durch das Wort der Heiligen Schrift, seine Anfechtungen zu überwinden. Es wurde ihm klar, dass nur der Angefochtene die Bibel recht verstehen kann. Für ihn bestand die Sünde eines Priesters nicht darin, dass ihm Verfehlungen unterliefen, er das Beten vernachlässigte oder bei der Liturgie ins Stottern geriet, sondern darin, dass er versäumte, das Wort Gottes zu betrachten. Das demütige Hören auf die Schrift war das Wesentliche, was ein Priester zu tun hatte.

Luther und das Studium der Theologie

Es war den Klöstern ein Anliegen, begabte Mönche Theologie studieren zu lassen. Da Luther schon ein abgeschlossenes Philosophiestudium hinter sich hatte, war zu erwarten, dass man ihn auch für das Theologiestudium vorschlagen werde. Aber er muss wohl auch Neider gehabt haben. Sie sahen es nicht gern, dass er durch dieses Studium so schnell in eine leitende Position kommen sollte. Ihm wurde nämlich aufgetragen, die Toiletten zu reinigen und weiter auf der Straße betteln zu gehen. Es hieß: „Den Sack auf den Rücken und mit dem Sack durch die Stadt.“ Auf diese Weise sollte er gedemütigt werden.

1508 begann er dann mit dem Theologiestudium in Erfurt. Mit erstaunlichem Eifer ging er zu Werke. Innerhalb von fünfeinhalb Jahren hatte er es schon zum Doktor der Theologie gebracht. Daneben hielt er Vorlesungen in Philosophie und war so zugleich ein Lehrender und ein Lernender.

Die Reise nach Rom

Im Jahre 1510 reiste Luther nach Rom. Es war die größte Reise, die er in seinem Leben unternommen hat. Beim ersten Anblick dieser Stadt warf er sich auf die Knie und rief aus: „Sei gegrüßt, du heiliges Rom, wahrhaftig heilig von den heiligen Märtyrern, von deren Blut es trieft.“ Eine Woche blieb er dort. Sein Ziel war es, beim Papst zu erreichen, dass in den Klöstern Reformen durchgeführt werden sollten. Aber in diesem Anliegen blieb er erfolglos.

Luther wollte in Rom noch einmal eine Generalbeichte ablegen, aber er erlebte dabei eine große

Enttäuschung. Auch mit der Messe nahm man es hier nicht so genau, wie er es von Deutschland gewohnt war. Noch andere Missstände des kirchlichen Lebens fielen ihm auf. Ihn ärgerte der Reichtum der Klöster, die nun als Einnahmequelle an Kardinäle vergeben wurden. Ebenso bekümmerte ihn der vorherrschende Luxus und die Sittenlosigkeit. Ein Treffen mit dem Papst kam nicht zustande, und auch zu den Kardinälen wurde ihm der Zugang verwehrt. Trotz all dieser Missstände behielt er doch eine gewisse Achtung vor Rom, weil hier die Apostel Petrus und Paulus, die Päpste und viele Märtyrer gelebt hatten. Damals dachte Luther nicht daran, sich von der verwahrlosten Kirche zu trennen. Er war der Meinung, dass man ihr nur helfen könne, wenn man treu zu ihr stünde, sie versuchte, von ihren Irrwegen abzubringen und die Zustände zu bessern. Seine positive Haltung zur Kirche ließ sich also nicht so leicht erschüttern, sondern intensivierte umso mehr seine frommen Bemühungen. Im Lateranspalast rutschte Luther die Treppe, die angeblich aus dem Palast des Pilatus stammen sollte, auf seinen Knien hoch. Bei jeder Stufe sprach er das Vaterunser. Das galt als fromme Übung, mit Hilfe derer man eine Seele aus dem Fegefeuer glaubte befreien zu können. Luther wollte das für seinen Großvater erreichen. Aber als er die letzte Stufe erreicht hatte, wusste er nicht, ob dies überhaupt möglich wäre. Es kamen ihm große Zweifel.

Die Erfahrungen, die Luther in Rom machte, waren sehr widersprüchlich. Seinen Auftrag konnte er nicht ausführen. Die Generalbeichte endete für ihn in einem Fiasko, und die religiösen Missstände begegneten ihm auf Schritt und Tritt. Aber er machte dort auch positive Erfahrungen der Gnade Gottes.

Erst viel später führte diese Reise auch zu kritischen Bewertungen. Trotzdem wollte er sie nie missen.

Als Luther nach Erfurt zurückgekehrt war, gab es im Kloster einige Auseinandersetzungen. Er wurde daraufhin infolge des Streites über die Reformbestrebungen nach Wittenberg versetzt. Dass dies für den Orden ein Verlust war, begriffen die führenden Männer viel zu spät. Von da an wurde Wittenberg der Ort seines Wirkens.

Luther in Wittenberg

Mit dem Wechsel Luthers von Erfurt nach Wittenberg wurden tief greifende Einschnitte in seinem Leben eingeleitet. Im Gegensatz zu seinem früheren Wirkungsbereich war Wittenberg eine kleine, unbedeutende Stadt. Mit seinen knapp 2.500 Einwohnern und den niedrigen, hässlichen Häusern aus Holz glich es mehr einem Dorf. Manche Häuser waren nur aus Lehm gebaut und mit Stroh bedeckt. Die Straßen waren recht schmutzig. Die Universität war gerade erst zehn Jahre alt und befand sich noch in der Aufbauphase. Auch das „Klösterlein" konnte sich nicht mit dem Konvent in Erfurt messen.

Doch dieser Eindruck trog. Eigentlich war das kleine, unscheinbare Wittenberg die Hauptstadt von Sachsen, welches damals unter den deutschen Territorialstaaten eine bedeutende Macht besaß. Wenn eine kirchliche oder politische Maßnahme durchgesetzt werden sollte, mussten darüber die Landesherren entscheiden. Diese Entwicklung war auch für Luthers späteres Wirken von schicksalhafter Bedeutung und wirkte sich zu Beginn seiner Reformation nachhaltig aus. Wittenberg wurde die Stadt Martin Luthers. Die Pfarrkirche St. Maria war seine

Predigtstelle. Dadurch war er auch mit seiner Gemeinde verbunden.

Doch wirklich intensiv wurde die Beziehung zu Wittenberg erst, als er 1522 von der Wartburg zurückkehrte. Kurfürst Friedrich der Weise war der Landesherr. Wie sein Name schon sagt, war er ein gebildeter Mensch, hatte einen Sinn für bildende Künste und verstand Latein und Französisch. Doch von seinem Wesen her war er scheu und zurückhaltend. Er ging gerne Konflikten aus dem Weg. Allerdings konnte er seine politischen Entscheidungen da durchsetzen, wo es um die Interessen seines Landes ging. Er widersetzte sich dem Kaiser, als dieser seine Befugnisse ausweiten wollte. So wurde er ein bedeutender fürstlicher Gegenspieler zur kaiserlichen Macht im Reich. Friedrich der Weise zeigte großes Interesse am Wohl des kirchlichen Lebens, kämpfte gegen Missstände an und wollte auch Reformen fördern. Dieser Gesichtspunkt ist wichtig, weil kirchenreformerische Bestrebungen beim Landesfürsten ein offenes Ohr fanden. Er stand Luther sowohl in seiner Politik als auch in seinem persönlichen Leben bei.

Beurteilt man rückblickend die Situation Luthers, so kann man feststellen, dass er sich in Wittenberg in einem stark von der Politik geprägten Wirkungsbereich befand. Doch zunächst war dies dem Mönch nicht bewusst. Eine entscheidende Rolle in seinem Wirken spielte ein Mann mit Namen Spalatin. Der Kurfürst holte sich Ratgeber für wichtige Entscheidungen zur Hilfe. Zu ihnen gehörte auch Georg Burckhardt, der aus dem kleinen Ort Spalt bei Nürnberg stammte. Wie es damals üblich war, gab er sich einen lateinischen Namen, den er von seinem Geburtsort herleitete. Von da an hieß er nur noch

Georg Spalatinus. Er war unehelich geboren worden und hatte in Erfurt und Wittenberg studiert. 1505 war er in ein Kloster bei Gotha eingetreten und wurde zum Priester geweiht. Friedrich der Weise holte ihn später als Erzieher seines Neffen und als Tutor für die jungen Herzöge aus Braunschweig und für seinen unehelichen Sohn an den Fürstenhof. Außerdem wurde Spalatin beauftragt, die Geschichte Sachsens zu schreiben. So ist uns eine gute Biografie vom Kurfürsten überliefert. Da er auch als Übersetzer arbeitete, übertrug er für den Kurfürsten Luthers Schriften aus dem Lateinischen. Spalatin war ein sehr sympathischer Mann, klug, weise und vor allen Dingen auf dem Gebiet der Geschichte und der Theologie sehr gebildet. Zu Luther entwickelte er eine enge Beziehung. In der Zeit der Reformation fungierte er als Verbindungsmann zwischen Luther und dem Kurfürsten, da ihm die Bereiche von Universität und Kirche unterstellt waren. Spalatin war auch Hofprediger und Beichtvater des Kurfürsten, dessen Vertrauen er besaß. Luther hatte Friedrich den Weisen nie persönlich gesprochen und lernte ihn erst beim Reichstag in Worms kennen. Er spielte als Vermittler also eine wichtige Rolle. Ohne ihn hätte sicher die Reformation einen anderen Verlauf genommen. Er konnte auf den Kurfürsten einwirken, und dieser hatte wiederum ein gewichtiges Wort bei der Auseinandersetzung mit Luther auf dem Reichstag zu sagen.

Der Kurfürst huldigte allerdings noch der mittelalterlichen Frömmigkeit und hatte eine Vorliebe für Reliquien, die er in der Stiftskirche ausstellte. Man war damals der Meinung, man könne Ablass erreichen, wenn man diese Reliquien mit Andacht betrachtete. Für jedes einzelne Stück dieser Sammlung gewann man so hundert Tage Ablass. Diese Art von Frömmigkeit kritisierte Luther allerdings schon sehr früh, und er war nicht der Einzige, der das tat.

Luther wuchs ab 1512 immer mehr in seine Aufgabe in Wittenberg hinein. Er hatte sich eine eigene theologische Position geschaffen, die ihn von der herkömmlichen Frömmigkeit und Theologie unterschied. 1517 sollte diese Zeit seines Lebens zu einem großen Konflikt führen. Zunächst aber bestand von Staupitz darauf, dass Luther seinen Doktortitel erwarb. Luther wehrte zwar ab und wies auf gesundheitliche Probleme hin und meinte, er sei dieser Aufgabe nicht gewachsen. Von Staupitz aber ließ sich nicht beirren und stellte die Weichen für Luther. Er sagte dazu nur, im Falle eines frühen Todes von Luther könne auch der Herrgott im Himmel einen guten Ratgeber brauchen. Er verfolgte das Ziel, Luther als seinen Nachfolger für die Bibelprofessur zu berufen; denn er hatte dessen hohe Begabung erkannt. So erwarb Luther 1512 seine Promotion zum Doktor der Theologie und übernahm eine biblische Professur. Durch den Doktoreid musste er sich verpflichten, die Heilige Schrift treulich und lauter zu predigen. Bis zu seinem Lebensende legte er biblische Bücher in Vorlesungen aus.

Seine erste Vorlesung an der Wittenberger Universität hielt Luther über die Psalmen. Es folgten Auslegungen zum Römerbrief und zum Galaterbrief. Für seine Vorlesungen war es wichtig, dass er zuerst gut und intensiv in den Text hineinhörte. Er beherzigte das Wort des Paulus aus Römer 10,17: „Der Glaube kommt aus dem Hören." Darin soll Gottes Wille anstelle des eigenen Willens zum Zug kommen. So wird der Mensch in eine Bewegung zu Gott hingeführt und kann von seiner Gnade berührt werden.

Luther erkannte, dass der Mensch immer Sünder bleibt und die Forderungen Gottes nicht erfüllen kann. Weil es ihm schwer fällt, sich dies einzugestehen, will der Mensch sich vor Gott durch fromme Leistungen behaupten. Dabei wird aber alles nur noch schlimmer. Der Mensch macht Gott in seinem Urteil über ihn zum Lügner. Das ist das Verwerfliche an dieser Haltung, dass der Mensch sich nicht als Sünder erkennen, sondern seine eigene Gerechtigkeit schaffen will und auf seine Kraft vertraut. Dies war Luthers wesentliche Erkenntnis, die er in seinen ersten Vorlesungen den Studenten deutlich machen wollte. So lautet seine Einleitung zum Römerbrief: „Die Summe dieses Briefes ist: zu zerstören, auszurotten und zu vernichten alle Weisheit und Gerechtigkeit des Fleisches, wie groß sie auch in den Augen der Menschen, auch bei uns selbst, sein mag und so sehr sie auch aus aufrichtigem Geist getan werden mag, und einzupflanzen, aufzurichten und groß zu machen die Sünde, wie sehr man auch der Meinung sei, dass es sie nicht gebe." Die Sünde darf also in keiner Weise verharmlost werden. Damit geriet Luther in einen unüberbrückbaren Gegensatz zur damaligen Frömmigkeit, und der Streit war vorprogrammiert.

Luthers große theologische Sicht war, dass er trotz der bedrohlichen, ja verzweifelten Lage des Menschen entschieden und um jeden Preis an der Verbindung mit Gott festhielt. Denn er wusste: Der Mensch verhält sich vor Gott recht, der Gottes Urteil über sich annimmt. Alle falschen Sicherheiten müssen aufgegeben werden. Demütig sich seiner Armut vor Gott im Himmel bewusst zu sein und auf Gottes Barmherzigkeit allein zu hoffen, das ist die rechte Art, wie ein Mensch gerettet werden kann. „Wo die Sünde mächtig geworden ist, da ist die Gnade noch viel mächtiger geworden." Dies ist ein wahres Wort. Gott allein gehört die Ehre und Anbetung über seinem gnadenvollen, barmherzigen Tun. Gott zu loben und unsere Sünde zu bekennen, das sind die wahren Opfer, die Gott gefallen.

Zunächst aber rang Luther noch sehr stark mit der mittelalterlichen Theologie und Frömmigkeit. In ihr überwog das düstere Element, und die Freude über das wunderbare Evangelium der Sündenvergebung fehlte zumeist. Der göttliche Erziehungsweg wurde beschrieben als ein „Gemahlenwerden" des Menschen zwischen den Mühlsteinen der Furcht und der Hoffnung auf die Barmherzigkeit. Nur in der Buße tat sich ein Spalt zu Gottes Erbarmen auf. Es macht schon nachdenklich, warum Luther damals so wenig von Gottes Vergebung allein durch die Versöhnung Christi sagen konnte. Man vernahm etwas von Gottes Erlösung am Kreuz, aber der Schwerpunkt lag in der Zerknirschung des Menschen, in seiner Reue und in seiner Demütigung vor Gott. Die Heilung des Menschen und seine Rettung sah man durch das Getötetwerden seines Ichs. Seine Erhöhung konnte nur durch Erniedrigung erfolgen. Diese Demuts- und Niedrigkeitstheologie hatte zu dieser Zeit noch einen starken Stellenwert bei Luther. Er wusste von Vergebung zu sagen, aber die Forderung nach der Demut blieb beherrschend. Wie wirklich Gerechtigkeit Gottes im Sinne des Römerbriefes zu verstehen war, hatte sich Luther in den Jahren zwischen 1513 und 1516 noch nicht erschlossen. Er hatte sogar eine gewisse Abneigung gegen das Wort Gerechtigkeit. Juristen und Theologen redeten ständig von der Gerechtigkeit des Menschen, aber Luther war klar, dass all diese Gerechtigkeit vor Gott nichts taugt.

Für Luther gab es damals die Gerechtigkeit als Demut, mit der der Mensch sich Gott unterwirft und so das tut, was er leisten kann. Die deutliche Unterscheidung zwischen dem fordernden Gesetz und dem schenkenden Evangelium, das uns die Gerechtigkeit verleiht, bahnte sich bei Luther zwar an, war aber noch nicht zum vollen Durchbruch gekommen.

Luther als Prediger des Evangeliums

Es war wieder sein Beichtvater von Staupitz, der Luther zum Prediger im Augustinerkloster bestimmte. Außerdem erhielt er einen Predigtauftrag für die Stadtkirche in Wittenberg. Luther hatte sich, wie er in einer seiner bekannten Invokavitpredigten aus dem Jahre 1522 betonte, nie in diese Aufgabe gedrängt. Sie wurde ihm befohlen. Viel Geld erhielt er für diesen Auftrag nicht, lediglich 12 Gulden und acht Groschen jährlich. Über einen langen Zeitraum hinweg blieb dies sein einziger Lohn. So war er recht arm. Der Kurfürst spendierte ihm ab und an eine neue Kutte. Für seine Veröffentlichungen und Vorlesungen bekam Luther nie Geld, worauf er sogar stolz war.

Früh erkannte Luther, dass die Predigt von größter Bedeutung für die Kirche war. Seine Predigten wurden gerne gehört und hinterließen bei den Menschen einen starken Eindruck. So ließ er seine Zuhörer aufhorchen, als er in der Predigt vom 26. Dezember 1514 betonte, dass der Mensch nicht durch Leistung und gute Werke gerecht werden könne, sondern nur durch die Barmherzigkeit Christi, der seine Kinder unter seine Flügel sammelt, wie eine Gluckhenne ihre Küken birgt. Luther hatte Schwierigkeiten mit der Behauptung, die Sünde würde ganz aus dem Menschen ausgeschieden und die Gnade ganz in ihn eingegossen. Diese Lehre hat ihn fast selbst in die Verzweiflung getrieben. Das ließ sich nicht mit seiner Erfahrung vereinbaren, dass der Christ noch auf dem Weg und deshalb Sünder und gerecht zugleich sei.

Wichtig war ihm in seiner Predigt, dass der Christ demütig die Ehre Gottes suchen solle. Nie dürfe er das Leiden und Sterben Christi vergessen. Eine besondere Predigtreihe hielt Luther über die Zehn Gebote. Darin betonte er, dass die Gerechtigkeit nicht im Menschen zu suchen sei, sondern allein in Christus. In ihm sei die Gerechtigkeit, die vor Gott gelte. Er schenke seinen Leuten Weisheit und Kraft. Die Zehn Gebote dienten hauptsächlich dazu, die Sünden offen zu legen. Nur der Glaube an Christus werde dem ersten Gebot gerecht. Damit rührte Luther schon an dem Problem der Heiligenverehrung. Denn auch der Heilige wisse nichts von der Heiligkeit seiner Werke, betonte Luther. Wenn er etwas Großes vollbracht habe, dann habe Christus das in ihm gewirkt. Es gab viele Zerrbilder von Heiligen. So hieß es z. B. damals, dass derjenige vor einem plötzlichen Tod bewahrt werde, der das Bild des Christophers anschaue. Solch ein Aberglaube war weit verbreitet. Aus dieser Art von Heiligenverehrung kann eine falsche Sicherheit herrühren. Deshalb machte Luther deutlich, dass es besser sei, das Kreuz anzuschauen.

Luther wandte sich auch gegen die Heiligenfeste, Kirchweihen und Wallfahrten. Sie sollten abgeschafft werden, denn sie führten zur Verschwendung von Zeit und Geld und brächten den Menschen dazu, seine Pflichten zu vergessen. Besser sei es, zu Hause zu bleiben, seine Arbeit gut zu verrichten und Gott in der Stille zu loben und zu ehren. Luther sah in der Heiligenverehrung einen Verstoß gegen das erste Gebot, wenn man damit den eigenen Vorteil suche und nicht allein Gott ehre.

Er wandte sich auch in seinen Predigten gegen die Übertretung des Feiertagsgebotes, gegen den Überfluss an Kleidern, gegen die Faulheit der Handwerker und gegen die falsche Erziehung der Kinder, bei der die Furcht bestimmend sei. Kinder sollten Ehrfurcht vor den Eltern haben, aber keine Furcht. Luther schärfte den Menschen auch den Gehorsam gegenüber der geistlichen und weltlichen Obrigkeit ein. Vor Betrug, Glücksspiel und Besitz, der unrechtmäßig erworben war, warnte er ebenfalls. Er wandte sich auch gegen die falsche Lehre, nach der man die Sünden in lässliche Sünden und Todsünden aufteilte. In allem aber versuchte er, den Blick des Menschen auf Gott zu richten.

Aus der Predigtreihe über die Zehn Gebote entstand eine Anleitung zur Beichte und wurde in deutscher und lateinischer Sprache gedruckt. Jedes Gebot wurde mit einer knappen Auslegung verbunden. Hier liegen die Anfänge zum Katechismus, mit dem Luther das Gewissen schärfen und die Menschen seelsorgerlich betreuen wollte.

Nach der Predigtreihe über die Zehn Gebote folgte die Auslegung über das Vaterunser. Vorrangig ging es Luther dabei um die Heiligung des Namens Gottes. Gott allein solle geehrt und erhöht werden, nicht aber der Mensch. Der Mensch solle sich unter die gewaltige Hand Gottes demütigen. Luther sah in seinen Predigten eine gute Möglichkeit, um seine Theologie bekannt zu machen.

Martin Luther als Distriktvikar seines Ordens

Luther blieb in seiner Zeit als Professor und Prediger auch weiterhin Mitglied seines Ordens, ja, er stieg zu einer bedeutenden Stellung auf. Seine Aufgabe war es, den theologischen Nachwuchs seines Ordens auszubilden. Später ging die gute Saat auf, die er auf diesem Gebiet gesät hatte, und trug reichlich Früchte. Gerade in seinen Vorlesungen ging er auf die besonderen Probleme ein, die auf die Mönche zukamen. 1512 wurde Luther sogar Subprior des Wittenberger Klosters, und schon im Jahre 1515 war er Distriktvikar über zehn Konvente in Meißen und Thüringen.

Von Staupitz, der Generalvikar des Ordens, hielt sich zu der Zeit meist in Süddeutschland auf. Daher war es Luthers Aufgabe, sich intensiv um die Belange der ihm unterstellten Klöster zu kümmern. Diese Arbeit nahm viel Zeit und Kraft in Anspruch. Sogar für die finanziellen Angelegenheiten war er verantwortlich. Es ist erstaunlich, wie er die Verwaltungsaufgaben und die seelsorgerische Betreuung miteinander verbinden konnte. Eine solche Situation ergab sich bei der Begegnung mit dem Mönch Georg Spenlein, der in ein anderes Kloster übergewechselt war und über dessen Habe Luther verfügen musste. Luther stellte ihm die Frage, ob er nicht der eigenen Gerechtigkeit überdrüssig geworden sei und sich ganz „in der Gerechtigkeit Christi erholen“ wolle. Denn auf ihn allein solle er sich verlassen. Luther wies darauf hin, wie groß die Gefahr sei, stolz und überheblich zu werden, wenn man auf eigene Werke und Leistungen baue. Dabei stellte sich Luther nicht über Spenlein, sondern räumte ein, dass auch er solche Versuchungen am eigenen Leibe durchleiden müsse und sie noch immer nicht unter den Füßen habe. In einem Brief schreibt er ihm unter anderem:

„Mein lieber Bruder, lerne Christum, und zwar den gekreuzigten. Ihm lerne lobsingen und an dir selbst verzweifeln. Und dann sprich zu ihm: ‚Lieber Herr Jesu, du bist meine Gerechtigkeit, ich aber bin deine Sünde. Du hast angenommen, was mein ist, und hast mir gegeben, was dein ist. Was du nicht warst, das nahmst du an, und gabst mir, was ich nicht war.' Darum hüte dich davor, jemals solche Reinheit anzustreben, dass du vor dir nicht mehr als ein Sünder erscheinen, ja überhaupt keiner mehr sein willst. Christus nämlich wohnt nur unter Sündern. Er ist ja vom Himmel, wo er unter Gerechten wohnte, herabgekommen, um unter Sündern Wohnung zu nehmen. Solcher seiner Liebe sinne immer wieder nach, und du wirst seinen allersüßesten Trost schauen. Wollten wir nämlich aus eigenem Mühen und Quälen zur Ruhe des Gewissens eingehen, wozu wäre er dann gestorben? Nein, in ihm allein durch getroste Verzweiflung an dir und deinen Werken wirst du Frieden finden. Auch wirst du von ihm lernen, dass er seine Gerechtigkeit zu der deinen gemacht hat, wie er dich aufgenommen und deine Sünde zu der seinen gemacht hat.

Wenn du das fest glaubst, und du musst es glauben – denn verworfen ist jeder, der nicht glaubt –, dann halte auch mit deinen Brüdern Gemeinschaft; und sollten sie auch gleich ohne Zucht sein und noch immer in der Irre gehen, trage du sie in Geduld; mache du ihre Sünden zu den deinen und lass sie an dem, was du Gutes an dir hast, teilhaben. Sagt doch auch der Apostel: ‚Darum nehmet euch untereinander auf, gleichwie Christus euch aufgenommen hat zu Gottes Lobe.‘ (Römer 15,7)“

Ebenfalls schrieb Luther einen Trostbrief an Pater Georg Leyser, der über schwere Anfechtungen klagte. Darin machte er deutlich: Unser Eigensinn sei die Wurzel allen Übels. In raffinierter Weise könne er sich unser bemächtigen und uns in Unruhe versetzen. So habe ein jeder sein Kreuz der Anfechtung zu tragen. Wir könnten es nicht einfach abschütteln, sondern sollten es aufnehmen „wie eine heilige Reliquie in das in sanftmütige Liebe eingetauchte Herz“. Das sei dann wahre Reliquienverehrung. Denn wenn schon die Kreuzesreliquien durch die Berührung mit dem Leib Christi geheiligt würden, wie viel mehr seien dann Unrecht und Leiden, die uns begegnen, durch die Liebe Christi geheiligt. Denn durch sie werde der Fluch in Segen, das Leiden in Ehre und das Kreuz des Menschen in Freude verwandelt. Zwar sei die Anfechtung noch da, aber sie könne mit Überzeugung bejaht und angenommen werden.

So war Luther sehr um seine Mitbrüder im Kloster bemüht und unternahm im Jahre 1516 eine Besuchsreise durch die Klöster seines Bereichs. Dabei kam er nach Dresden, Erfurt, Neustadt an der Orla, Gotha, Langensalza, Eisleben, Nordhausen und Magdeburg. Diese Reise war für ihn anstrengend, aber er überstand sie doch gut.

Am 1. Mai 1516 bat Luther den Prior des Augustinerklosters in Mainz, einen aus Dresden entlaufenen Ordensbruder zurückzuschicken. Er machte die Zusage, dass dem entlaufenen Mönch nichts passieren würde. Der Brief, den er in dieser Sache schrieb, enthielt wieder einen wichtigen seelsorgerischen Rat. Es sei nicht verwunderlich, wenn Menschen einen

Fehltritt tun. Aber es sei ein Wunder, wenn sie wieder aufstünden. Denn auch die Bibel sage, dass Gott das geknickte Rohr nicht zerbrechen und den glimmenden Docht nicht auslöschen werde.

Mit Prior Lang aus dem großen Kloster in Erfurt hielt Luther einen intensiven Kontakt. Er wurde sogar sein Freund. Es gab dort größere Schwierigkeiten, und der Prior hatte keinen leichten Stand. Auch ein abtrünniger Mönch machte viel Not. Doch Luther mahnte seinen Freund Lang, er solle diesen aufmüpfigen Bruder nicht fallen lassen. Wir müssen Ärgernisse erleiden, und einer solle die Last des andern tragen und sein „Schanddeckel" sein. Auch ein Prior dürfe nicht so rein sein, dass er sich nicht mehr von der Unreinheit der anderen berühren lassen wolle. Gerade das zeige die Ehrenstellung des Priors, dass er auch die Schmach der anderen ertrage.

Zeit seines Lebens ist Luther ein viel beschäftigter Mann geblieben. So schrieb er in einem Brief vom 26. Oktober 1516 an Johann Lang:

„Ich brauche fast zwei Schreiber oder Kanzler. Ich tue fast den ganzen Tag nichts anderes als Briefe schreiben. Deshalb weiß ich nicht, ob ich immer wieder dasselbe schreibe. Du wirst es ja sehen. Ich bin Klosterprediger, Prediger bei Tisch, täglich werde ich auch als Pfarrprediger verlangt; ich bin Studienrektor, ich bin Vikar, d.h. ich bin elfmal Prior, Fischempfänger in Leitzkau, Rechtsanwalt der Herzberger in Torgau, halte Vorlesungen über Paulus, sammle Material für den Psalter und das, was ich schon gesagt habe: Die Arbeit des Briefschreibens nimmt den größten Teil meiner Zeit in Anspruch. Selten habe ich Zeit, das Stundengebet ohne Unterbrechung zu vollenden und zu halten. Dazu kommen die eigenen Anfechtungen des Fleisches, der Welt und des Teufels. Siehe, welch ein ‚müßiger' Mensch ich bin!"

Im Jahr 1516 wurde das Land von einer Pestepidemie bedroht. Luther fürchtete diese Seuche sehr, da er in früheren Jahren ihr Wüten erfahren hatte. Er wich nicht aus, riet aber, die Mönche in andere Orte zu verschicken.

Wie sehr sich Luther von allen Seiten bedroht und bedrängt fühlte, kommt in einem Brief an den Propst des Klosters in Leitzkau zum Ausdruck: „Mein Leben nähert sich von Tag zu Tag der Hölle, weil ich täglich schlimmer und elender werde."

An den Juristen und früheren Professor Christoph Scheuerl, der um Luthers Freundschaft warb und ihn in den höchsten Tönen lobte, konnte er schreiben, dass das Lob des Freundes gefährlich sei; denn dadurch könne man die Gunst Gottes verlieren, der allein unser Freund sein wolle. Hass und Tadel sei heilsamer als Lob und Liebe. Nicht der sei ein Christ, der einen Menschen wegen seiner Bildung und Heiligkeit und seines guten Rufes aufnehme. Das etwa entspreche einem heidnischen Verhalten. Der wahre Christ solle den Armen, Schwachen, törichten Sünder und den Elenden lieben. Was bei Menschen im hohen Ansehen stehe, sei vor Gott verächtlich. Wahre Freundschaft müsse deshalb auf andere Werte aufbauen.

So nahm Luther seine Leitungsaufgaben in seelsorgerischer Weise wahr. Seine Devise lautete: vor Gott demütig zu sein und zu handeln.

Vom Ablassstreit zur Reformation

Luthers reformatorische Entdeckung

Es war zum Streit über die Praktiken des Ablasses gekommen. Somit musste auch Luther aus seinem stillen Winkel heraus in die Öffentlichkeit treten. Seine Stellungnahme war gefordert. Er wurde damit in ein Geschehen verwickelt, das weit über die Grenzen Sachsens hinausging und fast das ganze Römische Reich Deutscher Nation betraf. Es ging darum, wie die kirchliche Einrichtung mit der Frage von Buße und Vergebung der Sünde umging. In seiner Aufgabe als Prediger wurde Luther mit diesem Problem konfrontiert und überdachte und bearbeitete es dann als Theologe. Er wäre wohl nie so sehr in diesen Streit hineingezogen worden, wenn ihn die Fragen nicht selbst im Innersten berührt hätten. Wo es um das Verhältnis des Menschen zu Gott ging, hat er selbst hart in seinem Herzen ringen müssen. In seiner feinfühligen, gewissenhaften Art suchte Luther nach Lösungen. Er wusste, dass er ein Sünder war; aber ihm war auch die Erkenntnis geschenkt worden, dass Gott allein den Menschen gerechtsprechen kann, wenn er reuig und zerknirscht vor ihm steht. Luther wollte Gott lieben und über seine Sünde Leid tragen. Nun stieß er aber in der Kirche auf eine Praxis, mit der man mit der Sündennot des Menschen Geld machen konnte. Durch die Vorstellung, dass man sich von seiner Sünde freikaufen könnte, wurde die Gnade Gottes null und nichtig gemacht. Die Erkenntnis und Erfahrung, die Luther im schweren inneren Ringen gewonnen hatte, und die praktische Handhabung des Ablasses in der damaligen Kirche prallten hart aufeinander. In diesem Kampf konnte sich Luthers theologische Erkenntnis weiterentwickeln. Sie erreichte ihren Höhepunkt, als er die Gerechtigkeit Gottes, das Herzstück seines Glaubens, entdeckte. Die Gerechtigkeit, die vor Gott gilt, entfachte in der Kirche den Sturm, der schließlich die Reformation einläutete. So wurde die westliche Christenheit einschneidend verwandelt.

Die Ursache des Ablassstreites

Im Mittelalter herrschte die Meinung vor, dass der Sünder erst von seinen Sünden freigesprochen und wieder in die Gemeinschaft der Glaubenden aufgenommen war, wenn er Reue gezeigt und bestimmte Bußleistungen vollbracht hatte. Grundvoraussetzung waren die Reue und die Privatbeichte vor dem Priester. Danach wurde der Mensch von seiner Sünde und Schuld freigesprochen; aber er musste noch bestimmte Bußleistungen erbringen, die ihm die Kirche je nach Schwere seiner Sünde auferlegt hatte. Außerdem musste er für seine Sünden zeitliche Strafen von Gott annehmen, auch wenn ihm die ewige Strafe durch die Sündenvergebung erlassen war. Konnte er aber die zeitlichen Strafen in seinem Leben nicht ableisten, dann musste er damit rechnen, dass er sie nach seinem Tod in einem Zwischenzustand zwischen Himmel und Hölle, dem so genannten Fegefeuer, abzubüßen hatte. So geriet der Mensch in Ängste hinein und fürchtete sich vor dem Fegefeuer. Hier kam ihm die Kirche mit der Ablassregelung zu Hilfe. Ablass bedeutete also die Umwandlung oder Ermäßigung von Bußleistungen und zeitlichen Sündenstrafen durch die Kirche. Voraussetzung für den Ablass waren die Reue und die bußfertige Gesinnung des Gläubigen sowie eine Eigenleistung in Form von Gebeten, Wallfahrten, Almosen oder Geldzahlungen. Der Papst hatte die Vollmacht, Ablass zu gewähren. Er verfügte nach der katholischen Lehre über den reichen Schatz der Kirche. Diesen hatten Christus und die Heiligen geschaffen, weil sich beide keine zeitlichen Sündenstrafen zugezogen hatten und sie somit direkt in den Himmel gekommen waren. Ihre guten Werke wurden damit zu überschüssigen Verdiensten, die den Sündern zugute kommen konnten.

Luther vertrat aber die Meinung, dass die Heiligen sich auch selbst über ihre Sünden beklagt hatten. Sie verfügten also nicht über eigene überschüssigen Verdienste.

Schon Thomas von Aquin (1225–1274), einer der bedeutendsten Theologen des Mittelalters, hatte die Lehre bejaht, dass der Ablass auch den Toten im Fegefeuer zugute kommen durfte, wenn lebende Menschen Leistungen für sie erbrachten.

Nur der Papst konnte vollkommenen Ablass gewähren. Bischöfe und andere hohe Geistliche waren in der Erteilung von Ablässen zeitlich begrenzt. Deshalb spielte auch der Papst in der Frage des Ablasses eine so große Rolle. Doch schon im Spätmittelalter hatte es Argumente gegen eine solche Handhabung von Sündenvergebung gegeben. Kritiker wehrten sich gegen die Anschauung, dass die Kirche eine Art Heilsanstalt war, deren Arm bis in den Himmel, ins Fegefeuer und in die Hölle reichte. An dieser Stelle war die Kirche sehr verwundbar. Ihre Begründung für das Ablasswesen stand auf schwachen Füßen. Oft fehlte auch der nötige Ernst der Buße bei den Menschen, die Ablass begehrten.

Bedenklich war das Ablassverfahren auch deshalb,

weil die Kirche auf diesem Wege große finanzielle Mittel erhielt. Der Ablass konnte zu einem Geschäft werden. Einerseits wurde er teuer verkauft, andererseits wurde die Gnade billig verschleudert. Oft wollten auch die weltlichen Herren bei diesem Geschäft Geld verdienen. So kam es auch auf den Reichstagen zu Beschwerden über das Ablasswesen. Der Streit über den Ablass eskalierte, als Papst Leo X. beschloss, dass die Peterskirche in Rom von solchen Geldern gebaut werden sollte. Zudem war das Erzbistum Mainz völlig überschuldet. Es hätte einen Betrag von 14 000 Gulden an Rom zahlen müssen. Nach einem dreimaligen Wechsel des Mainzer Erzbischofs war das Bistum völlig verarmt, da mit jedem Wechsel des Erzbischofs ein hoher Geldbetrag an Rom gezahlt werden musste. Bei der Neuwahl im Jahre 1514 musste sich das Domkapitel nach einem Kandidaten umschauen, der sowohl wirtschaftlichen als auch politischen Rückhalt besaß. So wurde der erst 24-jährige Albrecht von Brandenburg und Hohenzollern gewählt. Er war bereit, die Schulden abzutragen.

Eigentlich hätte Albrecht von Brandenburg und Hohenzollern die Wahl in Mainz wegen der Anhäufung von Ämtern gar nicht annehmen dürfen; denn er war schon Erzbischof von Magdeburg und Administrator von Halberstadt. Doch es war möglich, sich durch entsprechende Zahlungen an Rom von diesem Verbot befreien zu lassen. Das Geld war für Rom verlockend, obwohl man wusste, dass Albrecht die hohe Summe von 29 000 Gulden von sich aus nicht aufbringen konnte. Das Bankhaus Fugger in Augsburg streckte deshalb die Summe vor, und Albrecht sollte nun in seinen Kirchenprovinzen den Ablass unter die Leute bringen. Eine Hälfte der Einnahme sollte Rom zufließen, die andere sollte zur Schuldentilgung beim Bankhaus Fugger verwendet werden. Die Bevölkerung, die den Ablass erwarb, wusste nichts von diesen Geldgeschäften.

Natürlich wäre es nicht richtig, wenn man Albrecht von Mainz als gewissenlos bezeichnen würde, obwohl er nicht dem Ideal eines Prälaten entsprach. Er war der Sohn eines herrschenden Fürstengeschlechtes. Er liebte die Muse, war schöngeistig veranlagt und ging Konflikten gerne aus dem Weg. Er war keine starke Persönlichkeit, aber auch kein harter Gegner Luthers. Ebenso fehlte ihm die Begabung zu einem guten Prediger. Wie Kurfürst Friedrich der Weise, der Landesfürst Luthers, sammelte auch Albrecht viele Reliquien. Über 39 Millionen Ablasstage konnte man durch seine Sammlung in Halle erzielen. Auch liebte er Kirchenmusik und sammelte Kunstgegenstände. In der Theologie war er gar nicht bewandert, auf anderen Wissensgebieten jedoch gebildet.

Der Ablass sollte über acht Jahre lang in den Kirchenprovinzen Magdeburg, Brandenburg und Mainz vertrieben werden. Fast alle Vergehen, außer dem Bruch von Klostergelübden, konnten durch den Kauf von Ablässen vergolten werden. Es sollten auch auf den Kanzeln nur noch Ablasspredigten gehalten werden. Bei Strafe war es verboten, den Ablass zu behindern. Doch es dauerte eine gewisse Zeit, bis das Ablasswesen in Gang kam. Luther erfuhr erst 1517 davon. Für das ganze Unternehmen wurden Beichtväter, Ablassprediger und Unterkommissare in Dienst gestellt. In Magdeburg spielte der Ablasskommissar Tetzel eine wichtige Rolle. Er erstellte eine Vorlage für den Umgang mit Ablässen. Darin machte er deutlich, dass es um die Ehre Gottes, die Ehrerbietung gegenüber dem Papst und den Bau der Peterskirche in Rom ging. Den Ablassfunktionären schärfte man ein, dass sie ein ehrbares Leben führen sollten. Die Beichtstühle waren mit dem päpstlichen Wappen geschmückt, und der Ablass sollte bis auf wenige Ausnahmen in der Kirche erworben werden. Dreimal in der Woche sollte eine Ablasspredigt gehalten werden, die den Inhalt der päpstlichen Verordnung, der so genannten Ablassbulle, erläutern sollte. Die Bezeichnung „Bulle“ rührt daher, dass die entsprechenden päpstlichen Schreiben mit einem Siegel versehen waren, die in einer Kapsel aufbewahrt wurden. Der lateinische Ausdruck für Kapsel lautete: „bulla“.

Der Gläubige sollte auch über die Beichte und die Kommunion informiert werden. Die Prediger mussten deutlich machen, dass der Papst beim Bau der Peterskirche auf die Hilfe der Gläubigen angewiesen war. Außerdem sollte die Gnadengabe des Ablasses deutlich herausgestellt werden. Sie bestand aus Folgendem:

1. Der Ablass gewährte Vergebung der Sünde; denn eine größere Gnade als diese gab es nicht.

Der schuldige Mensch empfing die Vergebung für seine Verfehlungen und den Erlass seiner Fegefeuerstrafen. Nötig war dabei nur die Reue von ganzem Herzen, die Beichte und der Besuch von etwa sieben Kirchen, in denen er Gebete sprechen sollte. War er durch Krankheit oder Behinderung darin nicht in der Lage, so konnte diese Auflage wegfallen oder erleichtert werden. Nach dem Vermögen des Einzelnen musste auch eine Geldgabe geleistet werden. Grafen sollten sechs Gulden, Bürger und Kaufleute drei Gulden und Handwerker einen Gulden bezahlen. Wer kein Geld hatte, sollte beten und fasten.

2. Es bestand die Möglichkeit, einen Beichtbrief zu erwerben. Dafür konnte man sich zweimal zu ganz beliebigen Zeiten und in der Stunde des Todes von allen Sünden lossprechen lassen.

3. Jeder, der einen Beichtbrief besaß, konnte in den Genuss aller Güter der Kirche kommen, die sonst durch Gebete, Fasten, Almosen und sonstige fromme Werke erworben wurden.

4. Die Menschen konnten durch den Ablass auch für die Verstorbenen Befreiung von Sündenstrafen im Fegefeuer erwerben.

So trug man durch die Geldzahlungen nicht nur zum Bau der Peterskirche bei, sondern bot auch Toten Befreiung von Fegefeuerstrafen an. Bekannt ist noch heute der oft zitierte Spruch: „Wenn das Geld im Kasten klingt, die Seele in den Himmel springt." Neben all diesen seelsorgerlichen Angeboten stand aber doch die finanzielle Unterstützung für Rom im Vordergrund. Der Dominikanermönch Johann Tetzel aus Leipzig wurde als Generalsubkommissar für den Vertrieb von Ablassbriefen vereidigt. Man behauptete von ihm, er sei ein dummer, grober, unmoralischer Mensch gewesen. Doch diese Aussagen, denen sich auch Luther anschloss, müssen wohl auf übler Nachrede beruhen. Tetzel war ein durchaus gebildeter Mensch, der Theologie studiert hatte und sogar als theologischer Lehrer und Prediger in Leipzig wirkte. 1518 erhielt er sogar den Doktortitel. Seit 1509 war er auch Inquisitor und Ketzermeister für Polen. Tetzel war von stattlicher Figur und liebte gutes Essen. Ihm fehlte es nicht an Selbstbewusstsein. Widerspruch duldete er nicht, und in Bezug auf seine Rednergabe konnte ihm so leicht keiner das Wasser reichen. Seine Propagandasprüche beherrschte er hervorragend. So konnte er ausrufen: „Hier ist Rom. – Erbarmt euch eurer verstorbenen Eltern! – Wer den Ablass hat, der hat das Heil. Etwas anderes hilft nicht."

Mit seiner Rede erregte er aber auch den Unmut der Gläubigen, weil sein Streben nach Geld nicht zu überhören war. Tetzel selbst erhielt für seine Tätigkeit 80 Gulden im Monat, was nicht gerade wenig war. Ihm stand ein Kutscher mit Wagen zur Verfügung, und ihm wurde freie Kost gewährt. Monatlich stellte er mehr als 300 Gulden in Rechnung, worüber der Erzbischof von Mainz erbost war, weil der Papst Sparsamkeit befohlen hatte.

Doch die eigentliche Verantwortung für den Ablassstreit lag nicht bei Tetzel, sondern bei Albrecht von Mainz. Dies erkannte Luther recht bald und brachte es auch noch kurz vor Tetzels Tod zum Ausdruck.

Luthers Beurteilung des Ablasses

Die Gläubigen in Wittenberg zogen nach Zerbst und Jüterbog, um sich Ablassbriefe bei Tetzel zu erwerben. Aber bei ihrer Rückkehr konnte man keine Veränderung zum Guten bei ihnen feststellen. Luther wollte zunächst in seinen Predigten die Dinge zurechtrücken. Er war sich noch nicht recht im Klaren, wie er den Ablass beurteilen sollte. Aber er machte keinen Hehl daraus, dass es Besseres für das Heil der Seele gebe als der Erwerb von Ablassbriefen. Er ließ sich über Tetzels Predigtweise informieren und war darüber sehr besorgt. Zunächst arbeitete er wissenschaftlich über dieses Thema und diskutierte das Problem mit den Juristen. Gegen Tetzel selbst unternahm er nichts. Das Sakrament der Buße beschäftigte ihn sehr. Luther hatte selbst unter den vielen unerträglichen Beichtvorschriften gelitten und war darüber in schwere Anfechtungen geraten. Geholfen hatte ihm dabei der Rat seines Beichtvaters Staupitz, der ihm sagte: „Die wahre Buße beginnt mit der Liebe zur Gerechtigkeit und der Liebe zu Gott. Buße ist Leid über begangene Sünde auf Grund der Liebe Gottes." Das stand im krassen Widerspruch zur Ablasspraxis Tetzels.

Luther litt darunter, dass der Ablass die Gnade Gottes so billig werden ließ. Er bezeichnete die vorhandene Ablasspraxis als korrupt und verwerflich, wodurch verführte Führer das Volk Gottes in die Irre stürzten. Er konnte es nicht gutheißen, dass durch Reliquien und Ablässe Geld eingetrieben wurde. Man sollte das Evangelium predigen, aber nicht Märchen und Fabeln. Die Ablässe lehrten nämlich das Volk die Strafe, aber nicht die Sünde zu fürchten. Deshalb bewirkten solche Predigten auch keine Frucht des Glaubens, sondern wiegten die Menschen in falscher Sicherheit. Im Ablass sah Luther eine Verunglimpfung des Kreuzes Christi. Eine seiner Predigten endete mit dem Aufschrei: „O Gefahren unserer Zeit, o schlafende Priester, o mehr als ägyptische Finsternisse! Wie sicher sind wir in unseren überaus schlimmen Übeln."

Luther wollte keine Schuld auf sich laden, dass er die Menschen nicht vor dem Ablass warnte. Er wollte ihnen das wahre Evangelium verkündigen. Denn die wahre Buße schreit nach dem Kreuz Christi und nicht nach dem Ablass. In der Ablasspredigt sah er einen bösen Lügengeist am Werk. Er kritisierte auch, dass die guten Werke neben den Ablässen einen so großen Raum einnahmen. Wer ausgesöhnt mit seinem Nächsten lebe, täte ein besseres Werk, als wenn er 10 000 Ablassbriefe kaufe.

Der Beginn des Ablassstreites

Am 31. Oktober 1517 wandte sich Luther in einem Brief an den Erzbischof von Mainz. Darin äußerte er seine Sorge über ein falsches Verständnis von Ablasspredigten, nach dem die Menschen glaubten, durch den Kauf von Ablassbriefen ihres Heil gewiss sein zu können. Die Seele käme sofort in den Himmel, wenn das Geld im Kasten klinge. Keine Sünde sei so groß, dass sie nicht durch den Ablassbrief getilgt werden könnte, selbst wenn einer der Gottesmutter Gewalt antun würde. Deshalb könne Luther nicht zu diesem Ablasstreiben schweigen. Der Erzbischof trage die Verantwortung dafür, dass sich Menschen in falscher Sicherheit wiegen würden. Das Amt der Bischöfe sollte vielmehr dazu beitragen, dass die Leute das Evangelium von der Liebe Gottes kennen lernen. Christus habe nie Ablässe befohlen, sondern den Auftrag gegeben, das Evangelium zu predigen.

Luther bat den Erzbischof, das Ablassinstrument sofort aufzuheben und den Menschen eine andere Botschaft zu verordnen. Luther schrieb noch weitere Briefe an die Bischöfe in Merseburg, Zeitz, Lebus und Meißen. Doch keiner ging auf sein Anliegen ein.

Aber nicht die Briefe führten zu dem Ablassstreit, sondern Luthers 95 Thesen „Von der Kraft der Ablässe".

Berühmt wurde die erste These:

„Da unser Herr und Meister, Jesus Christus, sagt: ‚Tut Buße!' (Matth. 4,17), wollte er, dass das ganze Leben der Gläubigen Buße sein sollte."

Hier griff Luther auf die Grundlage der Buße zurück, wie sie das Neue Testament zeigt. Sie soll die Existenz des Christen sein Leben lang bestimmen. Sie besteht nicht in der sakramentalen Beichte und Wiedergutmachung. Martin Brecht, der sich intensiv mit Luther beschäftigt hat, schreibt hierzu: „Die Strafe für die Sünde dauert so lange wie der Hass des Sünders gegen sich selbst, nämlich bis zum Ende des Lebens." Hieraus ergeben sich einige Argumente, die im Widerspruch zur Ablassregelung stehen.

Die 95 Thesen haben Weltgeschichte gemacht. Damals hatte Luther im Wesentlichen noch aus seiner Theologie der Demut und Frömmigkeit heraus argumentiert. Die eigentliche reformatorische Sicht war ihm noch nicht erschlossen. Ihm ging es vor allen Dingen darum, die Buße zu lieben, wie es Jesus fordert. Mit den Thesen wollte er sich nicht gegen die Kirche auflehnen. Sie richteten sich auch nicht gegen den Ablass als solchen, sondern gegen seinen Missbrauch. Noch wusste sich Luther im Einklang mit dem Papst, weil das damalige Kirchenrecht die Übergriffe der Ablassprediger eindeutig verdammte. Letzten Endes ging es ihm um Tetzel, der ihn mit seinen Ablasspredigten mächtig ärgerte. Er fand Fürsprecher für seine Thesen, sogleich aber auch Widersacher. Zu ihnen gehörten neben Tetzel auch der Ingolstädter Professor Eck und die Professoren von Mainz und Leipzig. Die Stimme des Volkes aber war auf Luthers Seite.

Luther ahnte nicht, welch weite Kreise diese Auseinandersetzung ziehen würde. Erst nach und nach merkte er, welch großen Stein er da ins Rollen gebracht hatte. Hätte er dies von Anfang an überschaut, dann hätte er wohl geschwiegen. Er sagte selbst, er sei aus Unklugheit in diese ganze Auseinandersetzung hineingeschlittert. Wie einen geblendeten Gaul habe ihn Gott wider sein Wissen und Willen ins Spiel geführt. Wie die ganze Sache einmal ausgehen würde, müsse er gänzlich Gott überlassen, denn Taktik und Diplomatie seien nicht seine Sache.

Eigentlich sollten die Thesen diskutiert werden. Gewiss waren sie auch dem Erzbischof von Mainz zur Information zugeschickt worden. Doch wie aus der Überschrift hervorgeht, sollten sie vor allen Dingen Klarheit schaffen. Da heißt es nämlich: „Aus Liebe und Eifer für die ans Licht zu bringende Wahrheit werden die folgenden Sätze in Wittenberg unter dem Vorsitz des verehrlichen Vaters Doktor Martin Luther disputiert werden." Auf diese Weise wollte Luther auf akademischer Ebene eine Klärung über den Missbrauch des Ablasses herbeiführen. Solche Disputationen waren damals durchaus üblich, und in Wittenberg konnten die Thesen an der Tür der Schloss- und Universitätskirche angebracht werden. Luther verschickte sie auch an die bedeutenden Männer der Kirche. Der Thesenanschlag soll am 31. Oktober 1517 erfolgt sein, wenn es auch nicht eindeutig zu klären ist, ob es wirklich genau dieser Tag war. Aber durch die handschriftliche Veröffentlichung der 95 Thesen entfachte Luther einen Brand, der die Reformation in Gang setzte.

Reaktionen auf die 95 Thesen

Die Reaktionen waren sehr unterschiedlich. Luther selbst wollte die Beurteilung seines Handelns ganz Gott überlassen. Zunächst schien es auch keinen Aufruhr darüber zu geben. Seinem Landesfürsten, Friedrich dem Weisen, hatte Spalatin die Thesen auf einer Reise nach Spanien vorgelesen. Seine Reaktion war: „Ihr werdet sehen, der Papst wird das nicht leiden können."

1518 begannen die Thesen Wellen zu schlagen. Luthers Urteil über den Ablass hatte sich verschärft. Aber selbst die Gegner Luthers räumten ein, dass

Almosen und Nächstenliebe weit besser seien als Ablässe. So wurde Spalatin geraten, er solle, solange er noch Arme habe, keinen Ablass erwerben, sondern vielmehr den Elenden helfen. Andernfalls könne ihn Gottes Zorn treffen. Böswillige Verleumder brachten auch das Gerücht in Umlauf, die Ablasskritik sei vom Kurfürsten Friedrich dem Weisen aus Neid gegen Albrecht von Brandenburg in Gang gesetzt worden. Luther bekümmerte es, dass er an der Auseinandersetzung der beiden großen Fürsten schuld sein sollte. Eine solche Verwicklung mit der Politik hatte er nicht gewollt. Als die Wellen dann auch in den Klöstern hochschlugen, bat der Prior, Luther möge bitte dem Konvent keinen Schaden zufügen. Dieser antwortete nur: „Wenn das Werk nicht aus Gott ist, ist es bald gefallen, sonst muss man ihn machen lassen."

1517 wurden die Thesen in Leipzig, Nürnberg und Basel gedruckt und in Umlauf gebracht. Als Albrecht Dürer sie las, sandte er ein Geschenk an Luther. Von da an interessierte er sich für Luthers Schriften. Als die Thesen im Druck erschienen, überfluteten sie innerhalb von 14 Tagen ganz Deutschland, „als wären die Engel selbst Botenläufer und trügen's vor aller Menschen Augen", wie Luther anmerkte. Er selbst war davon regelrecht überrascht. Da mehrere Jahrzehnte zuvor Johannes Gutenberg das Druckverfahren mit beweglichen Buchstaben erfunden hatte, war die schnelle Verbreitung möglich geworden. Luther sah in dem allen ein Wunder, aber die Thesen erschienen ihm doch nicht recht geeignet dazu. Hätte er mit einer solchen Verbreitung gerechnet, hätte er die Aussagen noch klarer und verständlicher zu Papier gebracht.

Erzbischof Albrecht von Mainz bat die Universität

Mainz um ein Gutachten über die Thesen. Daraufhin beschloss er, dass man Luther eine weitere Verbreitung der Thesen untersagen solle, damit das Kirchenvolk nicht in Unruhe gerate und in Irrtümer geführt würde. Vorher hatte er den Papst schon über die Thesen informiert und angemerkt, dass Luther die Kirchenlehre in wichtigen Punkten verlasse. Doch dieser wollte zunächst nur durch kluge und diplomatisch geschickte Männer auf Luther einwirken, die ihn besänftigen und belehren sollten.

Tetzel fühlte sich durch die Thesen hart angegriffen und zutiefst verletzt. Die Vorwürfe trafen ihn persönlich, und er wollte die Anwürfe nicht auf sich sitzen lassen, sondern scharf gegen Luther vorgehen. Er soll geäußert haben: „Der Ketzer soll mir in drei Wochen ins Feuer geworfen werden und in einem Scheiterhaufen zum Himmel fahren." Auch formulierte er Gegenthesen, die Luther bloßstellen sollten.

Zu einem Zusammenstoß kam es, als ein Buchhändler aus Halle diese Gegenthesen in Wittenberg verkaufen wollte. Es waren vor allem die Studenten, die Luther verehrten und sich auf seine Seite schlugen. Aus Empörung entrissen sie dem Buchführer die Zettel mit den Gegenthesen und machten bekannt, dass diese 800 Exemplare am Mittag auf dem Marktplatz öffentlich verbrannt werden sollten. Der Senat, der Rektor und die Professoren der Universität hatten von dieser Aktion nichts gewusst. Auch Luther ahnte nicht, dass es solche Folgen haben könnte, und lehnte den Vorfall in einer Predigt ab. Es gab sogar Stimmen, die ihn als Urheber dieser Verbrennungsaktion ansahen.

Luther verfasste danach eine kurze Abhandlung zum Thema „Ablass und Gnade". In verständlicher Form behandelte er das Problem und stellte klar heraus, dass es nicht dem Wort der Heiligen Schrift entspräche, wenn Buße als Sakrament in Reue, Beichte und Genugtuung zergliedert würde. Gott fordere von allen Menschen wahre Reue und Bekehrung und die Bereitschaft, ihm treu nachzufolgen und das Kreuz Christi zu tragen. Luther wandte sich dagegen, dass es in der Hand eines Menschen liegen sollte, Strafen für Sünden anzudrohen. Gott allein strafe und schaffe die Rechtfertigung durch Christus am Kreuz. Durch den Ablass werde keiner gebessert. Wenn die Kirche in Rom einen Dom bauen wolle, dann sollten die Christen freiwillig dafür spenden. Das Geld dürfe nicht durch Ablässe eingetrieben werden. Noch hilfreicher wäre es, wenn man Opfer für die Armen brächte, anstatt in riesige Kirchenbauten zu investieren. Wer etwas anderes behaupte, wolle nur den Menschen das Geld aus der Tasche ziehen. Außerdem sei der Ablass für die Toten in der Kirchenlehre nicht verankert. Die Kritik, die er erfahre, schrieb Luther weiter, bekümmere ihn nicht, da sie den finsteren Gehirnen entspringe, die die klare Lehre der Bibel und der Kirchenväter nicht kennen würden.

So wird in dieser kurzen Schrift deutlich, wie scharf Luther gegen die Ablasspredigt zu Felde zog. Sie wurde zu seinem ersten literarischen Erfolg, den er ohne die Kunst des Buchdrucks so nicht hätte haben können. Auch Tetzel schoss zurück und veröffentlichte eine Widerlegung von Luthers Sermon über „Ablass und Gnade". Darin bezeichnete er Luther zum ersten Mal als einen Ketzer wie Wyclif und Hus. Dieser schlimme Vorwurf sollte sich noch folgenreich auswirken; denn Tetzel verlangte nun vom Papst, von der Kirche und von den Universitäten, dass sie Luther wegen seiner Schrift verurteilen sollten. Tetzel machte deutlich, dass sich der Papst nicht irren könne und auch in seinen Entscheidungen nicht in Frage gestellt werden dürfe. Er allein habe die Ablass- und Lehrgewalt. Wer dies nicht anerkenne, sei als Ketzer anzusehen. Auch derjenige mache sich schuldig, der sich der Ketzerei nicht entgegenstelle oder sie dulde. Diese Forderung zog auch Friedrich den Weisen in die Auseinandersetzung hinein. Luther nahm den Kampf gegen Tetzel auf und verfasste eine Gegenschrift. Darin beruft er sich auf die Heilige Schrift und sagt: „Selbst wenn ein Engel vom Himmel käme, darf das Evangelium nicht verändert werden. Tetzel geht aber mit der Heiligen Schrift um wie eine Sau mit dem Habersack." Weil der Ablass nicht zu den heilsnotwendigen Dingen gehört, lässt Luther den Vorwurf, er sei ein Ketzer, nicht auf sich sitzen. An den Schluss der Schrift setzt er die Bitte: „Hilf Gott der Wahrheit allein und sonst niemand." Daran schloss er noch ein gängiges Sprichwort, das er nicht zu denen zähle, die über die hohen Tannen fliehen, noch zu denen, die über die dürren Gräser kriechen. Hieran erkennt man sein gesundes Selbstbewusstsein. Er wollte weder in Überheblichkeit hoch hinaus noch ein Duckmäuser sein. So konnte nur jemand argumentieren, der seiner Sache sicher war. Aber Ironie, Spott und Grobheit im Ausdruck waren Luthers Waffen. In seiner Sprachgewalt benutzte er sie, um seine ehrliche Empörung zum Ausdruck zu bringen.

Zu Tetzel gesellte sich noch ein andere Gegner, der Theologe Eck aus Ingolstadt. Er war bisher Luthers Freund gewesen, wechselte aber nun ins andere Lager über. Nach dem Erhalt von Luthers Thesen im Januar 1518 hatte er sofort eine Gegenschrift verfasst. Luther fühlte sich dadurch angegriffen und verstand nicht, wie sein Freund so handeln konnte. Der hatte ihn nämlich als einen Ketzer und einen „Böhmen“ (in Anlehnung an Hus) genannt. Luther sei rebellisch, frech und vermessen. Die schlimmste Behauptung lautete, er sei ein Verächter des Papstes. Luther wollte dies zunächst gar nicht glauben und dachte, Eck habe sich aus Neid oder Eifersucht zu solchen Äußerungen hinreißen lassen. Er wollte auch gar nicht auf die Anschuldigungen reagieren. Wie konnte ein Theologe, der selbst in der Schrift forschte, Luther so verkennen?

In Wittenberg gingen die Wogen hoch. Bisher hatte man Luther für einen Theologen gehalten, der nach der Wahrheit strebte. Der Kurfürst und die Universität standen noch hinter ihm. Doch die Freundschaft zwischen Luther und Eck brach auseinander. Es gab keine Grundlage mehr für eine gemeinsame Arbeit. Eck wurde vorgeworfen, er verstehe nichts von der Theologie des Kreuzes und räume dem Papst die Macht ein, Vergebung der Sünden zu gewähren. Die päpstliche Gewalt reiche sogar bis ins Fegefeuer.

Bei Luther kamen damals die ersten Zweifel auf, ob es denn der Papst immer mit der Wahrheit ernst nehme. Er verließ sich jetzt auf eine andere Gewissheit und bezeugte nun: „Es sei Christus mit mir und sein Wort, und ich werde auch nicht fürchten, was die ganze Welt mir auch tun mag.“ Der Papst sei auch nur ein Mensch und könne irren, die Wahrheit aber nie.

Luther versuchte zwar noch, den Streit mit Eck beizulegen, aber die Standpunkte waren so gegensätzlich, dass eine Aussöhnung nicht mehr möglich war. Furcht vor weiteren Konflikten hatte er nicht, er wehrte sich aber mit allen Mitteln gegen die Verunglimpfung beim Papst. Diesen bat er sogar, den

Leuten entgegenzutreten, die ihn verketzerten und seinen Namen beim Papst stinkend gemacht hätten. Es sei ungeheuerlich, wie man seinen Ruf in den Schmutz gezogen habe. Man nenne ihn den Abtrünnigen, den Treulosen, den Ketzer und habe noch mindestens 600 andere schlimme Bezeichnungen bereit. Luther trug dem Papst noch einmal seine Erkenntnis über die Ablassthesen vor und betonte ausdrücklich, dass er sich gegen den Missbrauch durch Tetzel wehren wolle. Er habe zwar nicht die weite Verbreitung der Thesen gesucht und frage sich auch, wie die ganze Sache weitergehen solle. Aber widerrufen könne er nicht. Auch würde der Kurfürst solchen Missbrauch durch Tetzel nicht dulden. Ebenso verabscheuten seine Kollegen in der Universität eine solche „Pest", wie sie Tetzel mit seinen Ablassbriefen im Land verbreite. Das Schreiben an den Papst endete mit folgenden Worten, die zeigen, dass Luther dem Papst noch ergeben war: „Mach lebendig, töte, rufe, widerrufe, anerkenne, verwerfe, wie es gefallen mag." Die Stimme des Papstes sollte ihm wie die Stimme Christi klingen. Er würde sie anerkennen, auch wenn er dabei den Tod verdient hätte.

Sicher war ein solcher Briefschluss an den Papst damals üblich. Doch er zeigt auch, dass Luther mit einem guten Gewissen gehandelt hatte. Noch hatte er zur obersten Kirchenleitung Vertrauen. In der Sache allerdings ging es ihm um die Vergebung durch Jesus Christus allein. Im Blick auf die Frage des Fegefeuers machte Luther deutlich, dass den Toten, die wegen ihrer Schuld exkommuniziert worden seien, dies auch nicht mehr helfen könne. Denn entweder seien den Menschen die Sünden vergeben und sie können in der Herrlichkeit bei Gott sein, oder aber sie seien ihnen nicht vergeben, dann müssten sie die

Hölle erdulden. Auch erwähnte Luther, dass es nirgends schlimmer zugehe als in Rom selbst, das zu einem Babel geworden sei.

Solche Sätze fanden sich in der Resolution vom Februar 1518, in der Luther am Schluss eine Reformation der Kirche forderte. Diese könne aber nicht allein Sache des Papstes und der Kardinäle sein, sondern betreffe den ganzen Erdkreis. Gott selber müsse die Reformation mit aller Macht voranbringen. Zu den herrschenden Missständen in der Kirche dürfe nicht länger geschwiegen werden. Luther hoffte in seiner Resolution auf eine günstige Entscheidung bei der obersten Kirchenleitung. Wie würde nun der Ablassstreit weitergehen?

Die Wende bahnt sich an

Luther war der Meinung, dass der Mensch sich in aller Bescheidenheit so ansehen solle, wie er vor Gott steht, nämlich als Sünder. Der Ablass aber zeige den Weg auf, wie er sich einfach aus der Strafe und der Schuld davonstehlen könne. Luther hielt sich immer noch für einen treuen Anhänger des Papstes. Er sagte später einmal, er sei damals so „besoffen und ersoffen in der Lehre des Papstes“ gewesen, dass er nichts auf ihn hätte kommen lassen.

Neuere Forschungen haben ergeben, dass Luther erst 1518 der Durchbruch zur Reformation gelungen ist. Noch am 15. Februar 1518 war er der Meinung, die er auch gegenüber Spalatin vertrat, dass der Mensch über seine eigene Leistung verzweifeln müsse und nur auf Gottes Barmherzigkeit vertrauen dürfe. Er sagte: „Du sollst dein Richter sein und dich mit deinen Werken als sündig und schuldig anklagen. Nur so wird der Mensch vor Gott angesehen;

denn er kommt dem Gericht Gottes zuvor, verdammt sich selbst und darf auf Gottes große Barmherzigkeit zählen."

Aber in seiner Auslegung zum Hebräerbrief vom Sommer 1518 wird erkennbar, dass Luther der wahren Erkenntnis von Christi Erlösung näher gekommen war. Nicht mehr das demütige Verhalten des Menschen ist ausschlaggebend, sondern allein die neue Blickrichtung auf Jesus, den Gekreuzigten. Da liegt das besondere Geheimnis, durch das Gott unsere Bußbereitschaft und Gerechtigkeit schafft. Er, der Gottessohn, kann uns allein in die Gemeinschaft mit Gott bringen und uns durch die Bibel einen guten Weg führen. Erst Jesus kann den Menschen dazu bewegen, eine völlige Kehrtwendung zu vollziehen und mit Gott zu leben. Kein gutes Werk, auch nicht die demütige Einstellung des Menschen schaffen das Heil, sondern allein der Glaube an Christus. Nun kommt es zu einem Tausch zwischen Christi Gerechtigkeit und des Menschen Ungerechtigkeit. Luther nannte dies oft den „fröhlichen Tausch". Das bestätigt auch das Wort des Paulus aus 2. Korinther 5,21: „Gott hat den, der von keiner Sünde wusste, für uns zur Sünde gemacht, damit wir in ihm die Gerechtigkeit würden, die vor Gott gilt." Wenn uns das Gericht Gottes verklagt, dürfen wir in Jesu Arme fliehen und im Frieden ruhen. Das Blut Christi bürgt für die Gerechtigkeit und den Frieden bei Gott. Der Glaube ist reines Geschenk und beruht nie auf Leistung des Menschen. Allein aus dem Hören auf das Wort der Heiligen Schrift erwächst der Glaube an Gott, der den neuen Menschen schafft, wie Paulus in Römer 10,17 sagt: „Der Glaube kommt aus dem Hören."

Das Evangelium von der Herrlichkeit der Gnade

Gottes ist der einzigartige Schatz der Kirche und befreit den Menschen von allen Fesseln. Nur durch das Evangelium wird Gottes Ehre erhöht.

Wie kam es bei Luther zu dieser neuen Erkenntnis? Als Mönch war er in schwere innere Konflikte geraten; denn er versuchte, untadelig zu leben, und war doch in seinem Leben zutiefst beunruhigt. Seine guten Werke konnten ihn vor Gott nicht rechtfertigen. Er konnte Gott nicht so lieben, wie er es hätte tun müssen. Vielmehr hasste er den gerechten Gott, der den Sünder straft. Aus diesem Dilemma fand er keinen Ausweg und klagt: „Als ob es nicht genug sei, dass die elenden, schon durch die Erbsünde verurteilten Sünder durch die Forderung der Zehn Gebote mit jeder Art von Unglück bedrückt sind, fügt Gott dadurch noch zusätzlichen Schmerz hinzu, dass er uns durch das Evangelium im Sinne von Römer 1,17+18 seine Gerechtigkeit und seinen Zorn aufbürdet.“ Dann fährt Luther fort und nimmt kein Blatt vor den Mund: „Ich wütete so mit wildem und verwirrtem Gewissen, ich klopfte trotzdem rücksichtslos an jener Paulusstelle an, gierig danach, dürstend zu wissen, was S. Paulus wolle.“ Es klang ihm wie Hohn, dass das Evangelium ihm gleichfalls Gottes strafende Gerechtigkeit auflud. Doch dann begriff er, dass die Gerechtigkeit für den Menschen allein aus dem Glauben kommt. Denn der eigentliche Schaden des Menschen liegt in seinem gestörten, durch und durch verdorbenen Verhältnis zu Gott. Eindrücklich konnte Luther beschreiben, wie der Mensch in seiner Sünde gefangen, in sich selbst gekrümmt sei und sich immer um sich selbst bewege, wie ein Ruderer, der ein zu kurzes Ruder habe. Er hänge am Geschaffenen fest wie ein kleines Insekt im Spinnennetz. Er sei der Welt verfallen, die Dinge nähmen ihn gefangen und die Sorgen quälten ihn. Auch in einem anderen Bild konnte Luther die Lage des Menschen darstellen: Der Mensch werde immer geritten. Es gebe den Menschen nie als ein freilaufendes Fohlen, das unbekümmert und fröhlich herumspringt. Es gebe nur den gerittenen Menschen. Entweder reite ihn der Satan – der reite ihn zu Schanden und vernichte ihn. Oder es reite ihn Gott – der reite ihn zu grünen Auen und zu frischen Wassern. Wer aber den Menschen reite, das könne der Mensch nicht selbst bestimmen. Da müsse erst Gott den falschen Reiter vom Ross stürzen und dessen Platz einnehmen. Die Heilige Schrift schildere uns den Menschen als einen, der aber nicht nur gefangen, krank und tot sei, sondern auch als einen, der unter dem Einfluss des Satans blind sei, in dem er sich selbst für frei, glücklich, erlöst, mächtig, gesund und lebendig halte. Das sei das Schlimmste, dass der Mensch die Illusion der Freiheit habe.

Wunderbar, befreiend und erlösend war diese Erkenntnis für den stark angefochtenen Luther, dass die Gerechtigkeit für den Menschen aus dem Glauben kommt.

Der Prozess gegen Luther

Im Sommer 1518 begann in Rom der Prozess gegen Luther. Es wurde eine langwierige Sache, bis sie endlich am 23. Januar 1521 zu Ende ging.

Luther hatte sich von Rom losgesagt und am 10. Dezember 1520 die Bannandrohungsbulle öffentlich verbrannt, mit der er aus der römischen Kirche ausgestoßen werden sollte. In diesen Prozess spielte auch die große Politik mit hinein. Deshalb ist er auch nicht so leicht zu überblicken. Kaiser, Bischöfe, die Magistrate verschiedener Städte, Kurfürsten und Ritter wurden mit hineingezogen. Immer wieder wurde an anderen Schauplätzen verhandelt. Dass sich Luthers Anschauungen im Laufe des langen Prozesses weiterentwickelten, machte es der Anklagevertretung und der Verteidigung nicht leichter. Es ging Luther ja nicht in erster Linie um seine Person, sondern um grundlegende Entscheidungen der ganzen Christenheit. Seine Aufgaben als Professor, Theologe, Prediger, Seelsorger, Publizist und Schriftsteller nahm er in der ganzen Zeit weiterhin wahr. Luther strebte eine Reform der Kirche in der Theologie, der Heilsvermittlung, für den Gottesdienst und die Sakramente an. Er wollte eine neue Ordnung der Ethik und Lebensgestaltung schaffen. Er war der festen Überzeugung, dass eine grundlegende Reform nötig war – hatte man doch schon im späten Mittelalter in der katholischen Kirche eine „Reform an Haupt und Gliedern“ gefordert –, und er hätte wohl diese lange Auseinandersetzung nicht durchgestanden, wenn er nicht guten Gewissens gehandelt hätte und überzeugt gewesen wäre, dass seine Sicht richtig war.

Außerdem hatten sich um ihn Menschen gesammelt, die sich seinem Denken angeschlossen hatten und ihm beistanden. Als der Prozess endlich begann, stand der Wittenberger Mönch nicht mehr allein da. Andere namhafte Männer unterstützten ihn. Es waren Kollegen, Humanisten, Politiker und Männer aus dem Volk. Die Gegenseite war in der Übermacht, aber durch die fatalen Missstände, die keiner leugnen konnte, und ihre Unfähigkeit, die Kirche zu erneuern, saßen sie doch nicht am längeren Hebel. Luther war gewillt, dem Unrecht entgegenzutreten, und fand deshalb mit seinen alternativen Ratschlägen zur Verbesserung des Lebens in der Kirche ein offenes Ohr.

Es war eine gespannte Atmosphäre, in der der Prozess geführt wurde. Der Ablassstreit brachte Unruhe in das Herzogtum Sachsen und in die Mark Brandenburg. Rom musste zu den Querelen Stellung beziehen, zumal Luther mit einer Predigt über den Kirchenbann viel Staub aufgewirbelt hatte.

Für Martin Luther hatte der Bann seine Schrecken verloren. Entscheidend war für ihn die Gemeinschaft der Liebe und der Hoffnung zu Gott. Nichts konnte ihn von seinem Herrn trennen.

Er schrieb auf Deutsch einen „Sermon von dem Bann", in dem er das widersinnige, falsche Handeln der Kirchenfürsten aufs Schärfste kritisierte. Mit dieser Zuchtrute könne der Niedergang des geistlichen Lebens in der Kirche nicht aufgehalten werden.

Im Sommer erhielt Luther eine Vorladung, nach Rom zu kommen. Der päpstliche Legat Cajetan überbrachte sie ihm. Luther wurde der Ketzerei beschuldigt, und man eröffnete ein Verfahren gegen ihn. Diesen für ihn rabenschwarzen Tag hat er nie mehr vergessen.

Die Anklagepunkte waren Verdacht auf Häresie, Geringschätzung der kirchlichen Gewalt und Unehrerbietigkeit gegenüber dem päpstlichen Schlüsselamt. Binnen 60 Tagen nach dieser Vorladung sollte Luther in Rom erscheinen. Andernfalls würde über ihm der Bann ausgesprochen. Die Anklage ging von vier Grundsätzen aus:

1. Die Kirche hat ihr Haupt und Zentrum im Papst. Dieser ist in Aussagen über Glauben und Sitte unfehlbar.

2. Wer den Lehren der römischen Kirche und des Papstes nicht als unfehlbarer Glaubensregel anhängt, ist ein Ketzer.

3. Die römische Kirche kann über Glaube und Leben Feststellungen treffen.

4. Wer über diese betreffenden Lehren und Taten der Kirche schlecht denkt, ist ein Ketzer.

In Bezug auf die Auseinandersetzung Luthers mit dem Ablass bedeutete dies, dass er ein Ketzer war. Man warf ihm auch vor, er habe den Ruf der Kirche geschädigt. Auch mit Luthers Thesen, die er an der Schlosskirche zu Wittenberg angebracht hatte, würde sich der Prozess beschäftigen, allerdings nur am Rande. Man behauptete, Luther sei im Irrtum, wenn er die päpstliche Ablassgewalt in Frage stelle. Der Papst habe vor der Heiligen Schrift den Vorrang, und die Kirche brauche sich nicht auf Anfragen und Kritik einzustellen.

Binnen zwei Tagen verfasste Luther eine Antwort auf die Anklage und legte sie gedruckt vor. Mehr wollte er nicht tun, denn das war ihm die ganze Sache nicht wert. Mit der Gewalt des Papstes wollte er sich nicht einlassen. Luther berief sich allein auf das Evangelium. Danach würde sogar ein Engel verflucht, der vom Evangelium abweiche. So steht es in Galater 1,8: „Aber wenn auch wir oder ein Engel vom Himmel euch würde das Evangelium anders predigen, als wir euch gepredigt haben, der sei verflucht." Luther berief sich auch in kluger Weise auf den Kirchenvater Augustin, der sagt, dass nur den biblischen Büchern die unfehlbare Autorität zukomme. Außerdem dürfe nach dem Kirchenrecht nur das Gegenstand der Verhandlung sein, was in der Schrift enthalten sei. Damit berief sich Luther auf drei Autoritäten: die Bibel, die Kirchenväter und das Kirchenrecht. Die Heilige Schrift sei Maßstab allen Handelns.

Damit hatte Luther die Autorität des Papstes in Frage gestellt, weil sie nicht durch die Bibel bestätigt wurde. Der Papst als letzte Autorität war mit Luthers Rechtfertigungslehre nicht vereinbar. So war der Konflikt mit Rom vorprogrammiert. Radikal wandte Luther das Prinzip der Heiligen Schrift an und ließ keine Kompromisse zu, denn auch Papst und Konzilien könnten sich seiner Meinung nach irren.

Da die Ablasslehre im Kirchenrecht noch nicht festgelegt war, konnte darüber noch diskutiert werden. Luther wollte mit seiner Argumentation allerdings nicht – jedenfalls zum damaligen Zeitpunkt – den Papst angreifen. Sein Missmut richtete sich gegen die Geldgier Roms. Luthers schriftliche Auseinandersetzung galt in scharfer Weise dem Anklagevertreter. Er fühlte sich durch seine Argumentation provoziert und wollte mit aller Kraft des Geistes und der Feder zeigen, dass die Theologen in Deutschland das Ränkespiel Roms durchschauten. Er war es Leid, dass die römischen Geistlichen die Deutschen schamlos und verschlagen hintergingen.

Das Verhör durch Cajetan in Augsburg

Ein Schrecken überfiel Luther, als er die Vorladung nach Rom in Händen hielt. Seine Sache war nun bei der obersten Instanz angelangt. Luther wusste, dass er auf die Hilfe Spalatins angewiesen war, und schrieb ihm sofort einen Brief. Darin machte er deutlich, dass es im Grunde nicht um ihn allein ginge, sondern dass die Ehre und Würde der Universität auf dem Spiel stünde. Es sei nun Aufgabe des Kurfürsten und des Kaisers, sich der Sache anzunehmen und vom Papst zu fordern, dass sein Fall vor einem Richtergremium in Deutschland verhandelt würde. Luther war sich darüber im Klaren, dass ihm in Rom nur die Verurteilung drohte; denn die Anschuldigungen waren hinterhältig und gemein. Die Sache war dringlich, und die Frist von 60 Tagen war kurz. Auch wenn Luther bis ins Innerste aufgewühlt war und in Ängste geriet, konnte er sich doch ganz schnell wieder fangen und Mut gewinnen. Er wusste, Gott würde letztendlich seine Sache führen, und das stärkte sein Vertrauen. Er konnte sich wieder an den Schreibtisch setzen und seiner theologischen Arbeit nachgehen. Von der Vorladung und der angedrohten Strafe ließ er sich nicht wieder in Unruhe versetzen. Er hatte schon größere Ängste in seinem Leben durchgestanden.

Am 23. August 1518 erging vom Papst ein Schreiben an Cajetan, in dem es hieß, dass die Vorladung Luthers nach Rom überholt sei, da sich seine Lage im Prozess entscheidend verschlechtert habe.

Wer war dieser Cajetan, in dessen Hände Luther nun übergeben wurde? Auf dem Reichstag zu Augsburg war Cajetan beauftragt worden, den Vorsitz zu führen. Er war Dominikaner und hatte in seinem Orden die Karriereleiter erklommen. 1508 war er Generalmagister seines Ordens geworden. In der folgenden Zeit trat er besonders dadurch in Erscheinung, dass er die Stellung des Papstes als höchste Autorität in der Kirche verteidigte. 1517 wurde er zum Kardinal berufen. Er war wohl der herausragendste Theologe in Rom. In seinem Wesen galt er als hochmütig. Er war wortkarg. Außerdem hatte er Mühe, sein aufbrausendes Temperament zu zügeln. Aber er war gerecht und galt persönlich als integer und unbestechlich.

Auf dem Reichstag herrschte eine romfeindliche Stimmung. Vor allen Dingen waren es die Geldschneidereien, die man der Papststadt und dem Hause Medici vorwarf. Es gab auch harte Auseinandersetzungen wegen der „Türkensteuer", die die römische Kirche einforderte. Natürlich stand Luthers Sache in keinem günstigen Licht da. Es war nicht zu erwarten, dass Rom ein Entgegenkommen gewähren würde. Durch ein Schreiben an den Papst, das Cajetan wohl entworfen hatte, verschärfte sich die Situation gegen Luther. Er wurde darin als ein Mensch bezeichnet, der hartnäckig an seinen Irrlehren festhielt und immer neue Irrtümer hervorbrachte. Mit den neuen Irrtümern waren vor allen Dingen die überall verbreiteten Flugschriften über den Bann und ein Gedicht, das den römischen Geiz anprangerte, gemeint. Dieses Gedicht stammte aber nicht aus Luthers Feder, sondern wurde ihm böswillig angelastet. Daneben verleumdete man auch diejenigen, die sich auf Luthers Seite stellten, und schwärzte sie an.

Der Kaiser schlug sich auf die Seite Cajetans und verlangte, die gefährlichen Lehren auszumerzen. Luther wurde nun nicht mehr der Ketzerei verdächtigt, sondern als Ketzer gebrandmarkt. Er sollte von Cajetan unter Zuhilfenahme kirchlicher und weltlicher Macht in seine Gewalt gebracht und festgehalten werden. Dann wollte man ihn einem päpstlichen Gericht überstellen.

Eine Chance sollte Luther aber noch eingeräumt werden, wenn er freiwillig vor Cajetan erscheinen, für seine Vermessenheit um Verzeihung bitten und Buße tun würde. Cajetan sollte dann den reuigen Sünder in den Schoß der Kirche zurückführen. Würde Luther diese Chance nicht wahrnehmen, sollte er samt seiner Anhängerschaft mit dem Bann belegt und exkommuniziert werden. War der Bann über einen Menschen ausgesprochen, dann galt er als vogelfrei.

Alle kirchlichen und politischen Instanzen waren ermächtigt, ihn gefangen zu nehmen. Wer ihn unterstützte, musste mit strengen Strafen rechnen. Eine Belohnung wurde für jeden ausgesetzt, der ihn dingfest machte. Ein solche Verfahrensweise war bei öffentlichen und notorischen Ketzereien erlaubt. So weit es Luther betraf, war damit auch festgelegt, dass seine Sache in Deutschland verhandelt werden sollte. Päpstliche Legaten nahmen selbstverständlich an den Verhandlungen teil.

Aber Rom verfolgte noch einen anderen Weg, um Luthers habhaft zu werden. Es schickte ein Schreiben an Friedrich den Weisen, in dem dieser wegen seiner Treue zum Papst und seiner Frömmigkeit gelobt wurde. Es wurde auch besonders hervorgehoben, wie sehr Friedrich darauf bedacht sei, keine Irrlehren in seinem Land zu dulden. Rom könne sich nicht vorstellen, dass Luther, wie er sich selbst gerühmt habe, den Schutz des Fürsten genieße. Es wäre ratsam, wenn der Kurfürst sich keinem falschen Verdacht aussetze und alles in seiner Macht Stehende tun würde, um Luther in die Gewalt des päpstlichen Stuhles kommen zu lassen. Der Ketzerei dürfe kein Vorschub geleistet werden. Luther würde ein ordentliches Verfahren zugesichert. Sollte seine Unschuld bewiesen sein, so würde er wieder nach Deutschland zurückkommen.

Zusätzlich fand die Kurie noch einen anderen Weg, um Schritte gegen Luther einzuleiten. Sie wandte sich an seinen Orden. Doch dieses Schreiben erhielt nicht von Staupitz, der Vikar der Reformkongregation und Vorgesetzte Luthers, sondern Gerhard Hecker, der Provinzial der sächsischen Provinz des Ordens. Damit wurde von Staupitz bewusst umgangen, da er dieses Handeln nie und nimmer unterstützt hätte. In dem Schreiben an Hecker bezeichnete man Luther wegen seiner Irrlehren als „verpesteten Menschen“, gegen den man schnellstens einschreiten müsse.

Luther waren die verschärften Angriffe auf seine Person nicht bewusst. Ihm hatte man nur mitgeteilt, dass der Kardinal den Kaiser und die Fürsten gegen ihn aufgehetzt habe. Doch Luther sah all diese Anschuldigungen noch aus einem anderen Blickwinkel. Er erkannte dahinter die Macht der Finsternis, die sich gegen die Wahrheit richtete. So legte er seine Sache Gott vor, der ihn in allen Anfeindungen bewahren könne. Er versicherte Spalatin: „Ich werde nie ein Ketzer sein.“ Luther wusste, dass er den Kurfürsten um Schutz anrufen müsste, wenn er nicht wegen der Versäumnis der Ladungsfrist mit Strafe belegt werden wollte. Auf der anderen Seite wollte er den Kurfürsten nicht in seine Querelen mit hineinziehen und dessen Ruf schaden. So legte er nach Beratung mit seinen juristischen Freunden Spalatin einen möglichen taktischen Plan vor. Vom Kurfürst wollte er ein Geleit für seine Reise nach Rom erbitten. Dieser aber sollte die Forderung abschlagen, und so bliebe Luther eine Entschuldigung, warum er Rom ferngeblieben sei. Doch der Kurfürst durchschaute das Manöver und wollte Luther auf eine viel bessere Art und Weise helfen. Auch Spalatin, der am kurfürstlichen Hof Hofkaplan und Geheimsekretär war, wollte Luther beistehen und alles tun, was in seinen Kräften stand. Als Johann Eck, Theologieprofessor aus Ingolstadt, um eine Anhörung beim Kurfürsten bat, wurde dies verhindert. Spalatin ahnte schon, dass Eck Stimmung gegen Luther machen würde. Aus diesem Grunde hatte er ihn nicht vorgelassen. Ja, er bat den Kurfürsten, er möge sich beim Kaiser dafür einsetzen, dass der Prozess Luthers nach Deutschland verlegt würde. So wollte es Luther auch, dass seine Sache vor einem Gelehrtengericht unter Anwesenheit eines Bischofs und nicht vor der kirchlichen Justiz verhandelt würde. Und wirklich gab die kaiserliche Politik diesem Wunsch statt. Wahrscheinlich hatte sich der Kaiser beim Papst für Luther verwendet. So erfuhr Luther in Augsburg die Hilfe der kaiserlichen Räte. Auf alle Fälle hatte Friedrich der Weise Kontakt zu Cajetan aufgenommen und in den Verhandlungen den Eindruck gewonnen, dass dieser nicht unbedingt Schlimmes gegen Luther im Schilde führte. Ja, er war sogar sanft und zeigte sich duldsam in Bezug auf Luthers Angelegenheit. So gewann auch Spalatin neue Hoffnung für Luthers Verteidigung, da jetzt die richterliche Entscheidung bei Cajetan lag. Von Cajetan hatte Friedrich der Weise sogar die Zusage erhalten, dass er Luther wohlwollend und milde beurteilen und ihn auf keinen Fall gefangen setzen wolle. Nun war dem Kurfürsten das gelungen, was er sich vorgenommen hatte: Luther wurde in Deutschland verhört, und seine einstweilige Sicherheit war gewährleistet.

Natürlich war Cajetan auch dem Papst verpflichtet und sollte das Verfahren über Luthers Ketzereien durchführen. Er hoffte, er könne Luther zum Widerruf bewegen. Doch dafür standen die Chancen schlecht, denn Luther und Cajetan gingen von ganz unterschiedlichen Voraussetzungen aus.

Cajetan hatte sich intensiv auf das Verhör vorbereitet. Dabei beschäftigten ihn zwei Kernfragen: Wie stand es mit der Glaubensgewissheit, die ja das Herzstück von Luthers Rechtfertigungslehre war? Was hatte es auf sich mit der Lehre vom Schatz der Kirche als Grundlage der päpstlichen Ablassgewalt? Dabei erkannte Cajetan, dass ihn von Luther Welten trennten. Er gewann den Eindruck, Luther sei dabei, eine neue Kirche zu gründen.

Friedrich der Weise forderte nun Luther auf, nach Augsburg zu reisen. Der Reichstag war vorüber, und der Kurfürst hatte am 22. September Augsburg wieder verlassen. Zu Fuß machte sich Luther auf den Weg und wurde nur von seinem Ordensbruder Leonhard Beier begleitet. Zwanzig Gulden, die der Kurfürst ihm zur Verfügung gestellt hatte, waren sein Reisegeld. Luther war bange zumute, denn im schlimmsten Fall drohte ihm der Ketzertod. Dabei bewegte ihn auch der Gedanke an seine Eltern, in deren Augen er der Familie Schande bereite. Am 29. September erreichte Luther Weimar und predigte dort in der Schlosskirche wider die Heuchelei und Werkgerechtigkeit. Untergebracht war er bei den Franziskanern, die ihm den Tod von Hus vor Augen stellten. Auch ihm könne jetzt ein solch schauriger Tod auf dem Scheiterhaufen bevorstehen. Als er am 4. Oktober Nürnberg erreichte, wollte man ihn dazu bewegen, seine Reise wieder abzubrechen. Aber Luther war bereit, sich in die Höhle des Löwen zu begeben, und sagte sich: Auch in Augsburg mitten unter den Feinden herrscht Christus. So schrieb er an die Wittenberger Freunde: „Es lebe Christus, es sterbe Martinus."

Von den Nürnberger Mönchen begleitete ihn sein Freund Wenzeslaus Linck nach Augsburg. Er versorgte auch Luther mit einer neuen Kutte. Müde und erschöpft von der langen, anstrengenden Reise kam Luther 60 Tage nach seiner Vorladung in Augsburg an. Eine Magenverstimmung machte ihm zu schaffen. Den letzten Teil der Wegstrecke musste er deshalb auf einem Wagen zurücklegen, da ihn seine Beine nicht länger tragen wollten. Aber es war erstaunlich, wie schnell er sich von allen Strapazen erholte. Im Karmeliterkloster fand er Aufnahme. Auch hier hatte der Kurfürst schon für die finanzielle Absicherung seiner Unterbringung gesorgt.

Luther informierte Cajetan über seine Ankunft, suchte ihn aber nicht sogleich auf. Er fand auch Freunde, die sich um sein Wohl kümmerten und ihm in seinen Ängsten beistanden. Manchmal taten seine Helfer zu viel des Guten, und ihre Fürsorge war Luther mitunter lästig. Die Augsburger Freunde waren sehr erstaunt, dass Luther diese Reise ohne kaiserliches Geleit angetreten hatte. Sie ahnten ja nichts davon, welche Abmachungen der Kurfürst mit Cajetan getroffen hatte. So erschien dem Kurfürsten ein Begleitschutz überflüssig. In Augsburg fand Luther selbst gute Aufnahme und freundliche Gastlichkeit. Seine Ankunft erregte Aufsehen, und die Menschen wollten den Mann kennen lernen, der solch einen Brand in Kirche und Reich entfacht hatte.

Vom 12. bis 14. Oktober 1518 fand das Verhör im Fuggerhaus statt, in dem Cajetan seine Herberge genommen hatte. Luther wurde von seinen Freunden gesagt, wie er Cajetan zu begegnen habe. Er müsse sich vor dem Kardinal aufs Gesicht werfen, sich dann auf seine Knie aufrichten und sich schließlich erheben. Cajetan hatte sich vorgenommen, Luther in väterlicher, milder Weise zu verhören. Aber die sachlichen Unterschiede waren nicht zu überbrücken. Im Grunde hatte jeder vom anderen ein kritisches Bild vor Augen und ging mit völlig gegensätzlichen Erwartungen in das Verhör. Auch persönlich konnten sie nicht zusammenfinden. Luther ärgerte sich über die Arroganz und das autoritäre Gehabe seines Anklägers, und Cajetan kam der Mönch mit den tief liegenden Augen unheimlich vor. So schien die Verhandlung äußerst schwierig zu werden. Cajetans Forderungen zielten darauf ab, dass Luther in den Schoß der Kirche zurückkehren, seine Irrtümer widerrufen und von allem, was die Kirche ärgern oder verwirren könnte, Abstand nehmen sollte. Die Grundlage des Verhörs sollte die Heilige Schrift und das Kirchenrecht sein. Wenn Luther damit einverstanden sei und sich hüte, „zum Gespei seiner früheren Aussagen zurückzukehren", wie Cajetan es formulierte, „können wir ruhig schlafen."

Luther hingegen war enttäuscht, dass er wegen eines bloßen Widerrufs bis nach Augsburg hatte kommen müssen. Er hatte sich vorgestellt, dass er mit einem Vertreter der Kirche alle wichtigen Fragen diskutieren könnte. Aber darauf ließ sich Cajetan überhaupt nicht ein.

Klug wie Luther war, erreichte er dennoch, dass die strittigen Fragen von Cajetan beantwortet wurden, indem er ihn um Belehrung bat, worin er sich eigentlich geirrt habe. Cajetan bezog sich auf ein vorhandenes Kirchengesetz, mit dem sich der Ablass begründen ließ, und war der Meinung, dass Luther dieses Gesetz anerkennen solle.

„Der zweite Punkt war theologischer Natur: Cajetan behauptete, die beim Sakramentsempfang von Luther geforderte glaubende Gewissheit der Rechtfertigung widerspreche der Schrift und der Kirche. Vom üblichen kirchlichen Denken her war das auch ganz zutreffend, denn dieses setzte bei der Rechtfertigung eine gewisse menschliche Eigenleistung voraus, von der der Mensch nie gewiss sein konnte, ob er sie erbracht habe. Eben diese menschliche Eigenleistung hatte Luther aus der allein gottgewirkten Rechtfertigung ausgeschlossen. Deshalb gab er an diesem zweiten Punkt nicht nach, was zur Folge hatte, dass Cajetan ihm mit der Verdammung drohte." (Brecht, S. 244)

Der erste Tag endete in einer großen Verwirrung der Ansichten. Überall ergaben sich Widersprüche, und eine echte Auseinandersetzung konnte nicht gelingen. Schließlich begann der Kardinal zu schreien, und Luther erbat sich eine Bedenkfrist. Am nächsten Tag, dem 13. Oktober, erschien Luther zum Verhör in der Begleitung von von Staupitz, vier kaiserlichen Räten, einem Notar und Zeugen. Er bekannte in feierlichen Worten, dass er die römische Kirche verehre und ihren Aussagen folgen wolle, wie er das schon in der Vergangenheit getan habe. Er bekannte, dass ihm nichts bewusst sei, wodurch er gegen die Schrift, die Kirchenväter und das Kirchenrecht verstoßen habe. Er sei der Meinung, dass seine Auffassung gesund, wahr und katholisch sei. Er wolle sich als Mensch, der fehlbar sei, dem Urteil der Kirche unterwerfen und sei bereit, sich der Verantwortung zu stellen.

Die Verhandlung kam ins Stocken, als Luther sich gegen das Papstdekret wandte, das Cajetan ins Feld geführt hatte. Auf dieser Ebene wolle er nicht weiter diskutieren. Von Staupitz schaltete sich ein und wollte erreichen, dass Luther sich schriftlich verantworten dürfe. Dies wurde ihm erlaubt. Cajetan bekräftigte, dass er sich mit Luther nicht herumstreiten wolle, sondern ihn auf Veranlassung des Kurfürsten nur anhören und ihn mit dem Papst und der Kirche aussöhnen wolle.

Am 14. Oktober brachte Luther seine schriftliche Erklärung ein. Diesmal begleiteten ihn zwei sächsische Räte, die die Bitte wiederholten, Cajetan möge doch Luther ein gerechtes und mildes Verhör gewähren. So hofften sie, aus der Sackgasse herauszukommen. Luther bekräftigte, dass er nur solche Gesetze akzeptieren könne, die mit der Schrift und den Kirchenvätern übereinstimmten. Auch Petrus habe sich irren können, wie es in Galater 2 berichtet werde. Das könne dann auch beim Papst der Fall sein. Er sei nicht unfehlbar. Das bewiesen viele Papstgesetze, die man schon hätte abändern müssen. Der Papst sei nicht die oberste Autorität der Kirche, denn über ihm stehe noch das Generalkonzil und vor allen Dingen die Heilige Schrift. Dass der Papst irren könnte, schien für Luther kein großes Problem darzustellen.

Dennoch zeigte sich Luther durchaus kooperativ. Im Blick auf die Ablassfrage versuchte er einen theologisch gangbaren Kompromiss, wenn auch damit nicht alle seiner Anfragen an den Ablass beseitigt waren. Doch hinsichtlich der Glaubensgewissheit beim Sakramentsempfang und der Lehre von der Rechtfertigung konnte Luther nicht nachgeben. Er entwickelte die Erkenntnis von der Rechtfertigung aus Glauben, die er auf Grund von Römer 1,17 gewonnen hatte. Dies konnte er auch mit vielen anderen Bibelstellen und Zitaten der Kirchenväter belegen. In diesem Punkt könne und wolle er nicht widerrufen, weil er sonst gegen sein Gewissen handeln müsse. Was die Schrift dazu sage, stehe für ihn eindeutig fest. Darüber gebe es für ihn keinen Zweifel. Dieser Wahrheit müsse sich auch der Papst beugen, denn sie sei göttlich. An dieser Feststellung hinge für ihn das ganze Heil, sie gelte im Leben und auch im Sterben.

So kam es in Luthers Dokumentation der Augsburger Verhandlung, den so genannten *Acta Augustana,* klar zum Ausdruck. Er machte eindeutig klar, dass es ihm um das wahre Verständnis der Heiligen Schrift gehe, das durch manche Stellen in den Kirchengesetzen verschleiert würde. Er bewies, dass die geistlichen Herren in Rom mit ihren Gesetzen der Heiligen Schrift Gewalt angetan hatten, und legte dafür Beispiele vor.

Durch diese Auseinandersetzung war bei Luther das Vertrauen zum Papst zerstört worden. Er ging so weit zu behaupten, dass die Kardinalstelle für das Amt des Papstes als Nachfolger des Petrus, wie sie sich in Matthäus 16,18-19 findet, nicht auf den Papst bezogen werden dürfe. Die Ablasspraxis lehnte er ganz ab. Das sei Geldmacherei. Er verglich Rom mit Judas, der um des Geldes willen seinen Herrn verraten habe. Das war Luthers letztes, unerbittliches Wort zur Ablassfrage.

Natürlich wies Cajetan diese schriftliche Erklärung Luthers scharf zurück. Aber er versprach dennoch, sie nach Rom zu senden. Cajetan wollte nicht stehen lassen, dass Luther dem Papst Missbrauch der Schrift vorgeworfen hatte. So forderte er Luther erneut zum Widerruf auf. Ja, er fing an, laut zu schreien und drohte Luther mit Bann und Interdikt. Hier spielte Cajetan seine ganze Macht als Richter aus und verschärfte dadurch die Situation. Mit seiner Intelligenz und seinem Rednertalent versuchte er Luther zu überwinden. Er wies ihn in seine Schranken und gebot ihm, ja keine neuen Lehren einführen zu wollen. Wenn Luther sich verteidigen wollte, wurde er niedergeschrien. Schließlich reagierte auch Luther heftig und lautstark. Cajetan geriet außer sich und beendete das Verhör. „Geh und komm zu mir nicht mehr zurück, außer wenn du widerrufen willst!" Das war sein letzter Satz. Er sagte nichts davon, dass Luther gefangen genommen werden sollte. Für Luther war es klar, dass er nie widerrufen würde. Daraufhin begab er sich mit von Staupitz und Linck zum Mittagessen.

Doch Cajetan ließ nicht locker. Er versuchte noch einmal, mit Luthers Begleitern zu sprechen. Sie sollten ihn zum Widerruf überreden. Dabei zeigte er sich jetzt sehr freundlich und wählte schmeichelnde Worte. Von Staupitz gab zu, dass er schon öfter Luther dazu hätte bewegen wollen, sich seiner Kirche demütig zu unterwerfen, aber in der Argumentation wäre ihm Luther weit überlegen. Letzten Endes sei es ja Sache des Kardinals, diese nicht leichte Aufgabe zu übernehmen. Dazu habe ihn ja der Papst ausdrücklich beauftragt.

Von nun an trauten Luther und seine Freunde dem Kardinal nicht mehr. Eine friedliche Lösung war zerplatzt wie eine Seifenblase. Sie merkten, dass Cajetan im Grunde ihr Feind war. Luther sagte: „Von der ganzen Sache verstand er so viel wie der Esel vom Lauteschlagen."

Für Luther war es unmöglich zu widerrufen, er hätte sonst seinen Herrn und Heiland verraten. Viel lieber hätte er sich verjagen, verfluchen, ja in den Tod treiben lassen, ehe er Christus in den Rücken gefallen wäre. Die Gnade Gottes und die Rechtfertigung aus dem Glauben waren für ihn ein zu kostbares Geschenk. Dies wollte er nicht einfach verschleudern. Er rechnete jetzt damit, dass der Bann über ihn verhängt werden würde.

Die Tage, die nun folgten, waren für Luther nur schwer zu ertragen. Wie würde es ihm nach diesem Verhör weiter ergehen?

Am Abend des 20. Oktober verließ Luther heimlich Augsburg und begab sich auf die Flucht. Da die Stadttore wohl seinetwegen geschlossen gehalten wurden, ließen Freunde ihn durch ein kleines Tor im Norden hinaus. Außerhalb der Stadtmauern wartete ein wildes, schnelles Pferd, und Luther hatte Mühe, es zu reiten. Er erreichte dann am 31. Oktober 1518 Wittenberg. Er war körperlich gesund, und trotz der vielen Anfechtungen, die er zu erleiden hatte, wohnte in ihm erstaunlicherweise ein tiefer Friede. Wie lange er in Wittenberg bleiben konnte, das wusste er selber nicht. Sein Prozess stand ihm ja noch bevor und hielt ihn in Atem.

Friedrich der Weise wurde von Cajetan über das erfolglose Gespräch informiert. Er forderte von Luther eine Stellungnahme dazu. Darin sagte dieser, dass seine Sache im Grunde gar nicht in Augsburg behandelt worden sei. Das Einzige, was man ihm nachsagen könne, sei die Tatsache, dass er es unterlassen habe, die sechs Buchstaben „revoco" (ich widerrufe) auszusprechen.

Luther wollte dem Kurfürsten keinen Schaden zufügen. Da er ja überall gefährdet sei, wäre es wohl das Beste, er ginge ins Exil, sagte er. Er würde dann Sachsen verlassen und sich dorthin begeben, wohin der barmherzige Gott wolle. Er dankte dem Kurfürsten für alles, was er ihm Gutes getan hatte, und verabschiedete sich von ihm. Dieser Brief an den Kurfürsten zählt zu den großen Briefen Luthers.

Würde Friedrich der Weise Luther preisgeben? Luther rechnete damit, dass er Wittenberg würde verlassen müssen. Es folgte ein langes, qualvolles Warten. Er musste mit dem Bann aus Rom rechnen. Er hatte alles geordnet und wollte wie Abraham auf Gottes Befehl aus dieser Stadt aufbrechen in dem festen Vertrauen, dass Gott überall gegenwärtig ist. Luther hatte schon mit seinen Freunden Abschied gefeiert. Auch der Kurfürst war über Luther sehr besorgt. Eines war Luther klar: Der Kurfürst stand hinter ihm. Ihm war schon wegen seiner Universität in Wittenberg an Luther gelegen. Am 7. Dezember antwortete der Kurfürst in einem Brief auf die Forderung des Kardinals, Luther auszuliefern. Er schrieb darin, dass Luthers Sache noch nicht zur Genüge ausdiskutiert sei, und er sei ja noch nicht zum Widerruf gezwungen worden. Die Gelehrten in Sachsen hielten Martin Luther nicht für einen Ketzer. Der Kurfürst könne Luther nur nach Rom überführen, wenn seine Ketzerei erwiesen sei. Würde er jetzt von Wittenberg vertrieben, dann entstünde der Universität Wittenberg großer Schaden. Der Kurfürst bitte um den Nachweis der Irrtümer von Martin Luther. Sollte erwiesen sein, dass Luther wirklich ein Ketzer sei, dann wolle er nichts mit diesem Mann zu tun haben.

So behielt er ihn erst einmal in seinem Land. Rom hätte sich nun mit dem Bann durchsetzen müssen. Aber das geschah nicht, denn man gab den politischen Rücksichten den Vorrang vor den geistlichen und theologischen Erfordernissen. Damit ließ Rom neue Verhandlungen in Sachen Luther zu.

Die Leipziger Disputation

Eck, der als Professor der Theologie in Ingolstadt wirkte, war mit den Ablassthesen Luthers in Berührung gekommen und sehr darauf bedacht, sich mit Luther auseinander zu setzen. Damals verband ihn noch ein freundschaftliches Verhältnis mit den Wittenbergern. Er hatte seine Gegenposition in den *Obelisci* veröffentlicht, und diese waren Luther durch den Augsburger Domherrn Bernhard Adelmann im März 1518 in die Hände gespielt worden. Luther hatte daraufhin Eck wissen lassen, dass er trotz aller gegensätzlichen Meinung den Streit nicht in die Öffentlichkeit tragen wolle. Aber das war zu diesem Zeitpunkt schon zu spät. Karlstadt, Luthers Mitarbeiter und Amtskollege in Wittenberg, hatte die Veröffentlichungen Ecks in die Hände bekommen und sah sich gedrängt, Luther öffentlich zu verteidigen. Dazu gab er eine Reihe von 380 Thesen heraus, denen er später noch 26 weitere hinzufügte. Über diese Thesen wollte er in etlichen Veranstaltungen diskutieren. Allen voran stellte er fest, dass die Heilige Schrift vor allen anderen Autoritäten Vorrang haben müsse. Seine Kritik an Eck gab er in den Thesen 103 bis 213 wieder, die sich im Wesentlichen auf drei Probleme konzentrierten:

1. Die Fortdauer der Sünde in der christlichen Existenz;
2. Die Bestreitung der Freiheit des Willens, wobei die Buße nicht als verdienstliche Willenshandlung, sondern als Wirkung der Gnade verstanden wurde;
3. Die Vergebung der von Gott verhängten Sündenstrafen durch den Papst.

Eck erfuhr natürlich von Karlstadts Vorgehen und versuchte in einem Brief, dem Disput noch Einhalt zu gebieten. Er beteuerte, dass ihm nicht an einem Streit gelegen sei. Nur durch Zufall hätten die Wittenberger von seinen Veröffentlichungen in seinen *Obilisci* erfahren. Er betonte sogar, dass er mit ihnen freundschaftlich verbunden sei.

Karlstadt erklärte, er sei an die Öffentlichkeit gegangen, weil Eck Luther zu Unrecht angegriffen habe. Ihm sei daran gelegen, dass die Sache um Luther nicht weiteres Aufsehen erregte, und er spielte den Konflikt herunter. Aber die öffentliche Auseinandersetzung war schon in Gang gekommen und deshalb nicht mehr aufzuhalten. So bat Luther ihn, in seiner Argumentation nicht so aggressiv und heftig zu reagieren. Er wollte eine Zuspitzung des Streits vermeiden. Dennoch erschien Ecks „Verteidigung" am 14. August. Er forderte schon auf dem Titelblatt dazu auf, dass der Papst und die Universitäten in Rom, Paris oder Köln Luthers Sache entscheiden sollten. Er schlug vor, die Disputation am 3. April 1519 zu führen. Wo sie stattfinden sollte, überließ er Karlstadt. Dieser wiederum machte sich an die Arbeit und gab eine Verteidigungsschrift für Luther heraus.

Der Konflikt sollte tatsächlich in einer Disputation entschieden werden. In Augsburg traf Luther dann mit Eck zusammen und arbeitete in sachlicher Atmosphäre die Bedingungen von Ecks Begegnung mit Karlstadt aus. Als Austragungsort wurde Erfurt oder Leipzig vorgeschlagen. Eck entschied sich für Leipzig. Die Universität, die um Erlaubnis wegen dieser Disputation gefragt werden musste, verweigerte sie jedoch mit der Begründung, dass dadurch der Zank und Streit nur noch größer würde. Außerdem würde dadurch auch die Autorität des Papstes zur Diskussion gestellt werden, worüber man ja nicht streiten dürfe. Der Herzog ließ sich von derlei Argumenten nicht zur Aufgabe seines Vorhabens bringen. Im Gegensatz zu den Leipziger Theologen meinte er, eine Disputation würde den Ruf der Fakultät mehren, und diese müsse ja selbst auch kein Urteil abgeben. Die Universität solle deshalb das Projekt der Disputation fördern, weil es allein der Erkenntnis der Wahrheit diene. Aber die Theologen in Leipzig blieben zunächst bei ihrer Meinung. Auch der zuständige Bischof Adolf von Merseburg hatte sich um diese Sache gekümmert und warnte Herzog Georg davor, die Disputation zuzulassen. Unverhohlen ließ der Herzog den Bischof wissen, was er von den Leipziger Theologen halte. Sie seien faul, verfressen und hätten lauter Minderwertigkeitsgefühle. Die Theologen brauchten ja nur dabei zu sein, die Entscheidung sollten andere treffen. Der Herzog müsse andernfalls feststellen, dass seine Theologen ungeschickt seien, und er müsse sich schämen, dass solche Herren überhaupt vor ihm disputierten. In diesem Fall wäre es ihm einfach lieber, alten Weibern diese Aufgabe zu überlassen. Die Wahrheit müsse vor den Laien an den Tag kommen, und das sollten doch die Professoren keinesfalls verhindern wollen.

Der Bischof ließ sich durch die Ansicht des Herzogs keineswegs überzeugen und wollte die Disputation unbedingt verhindern. Aber die Universität Leipzig lenkte schließlich ein, und so wurde Eck am 1. Februar 1519 zur Disputation eingeladen. Hier hatte sich der Landesherr gegen den zuständigen Bischof durchgesetzt. So war die Disputation nicht allein Sache der Kirche und der Theologen.

Schon am 29. Dezember 1518, ehe überhaupt die Einladung erfolgt war, hatte Eck zwölf Thesen drucken lassen, über die er mit Karlstadt diskutieren wollte. Aus ihnen ging klar hervor, dass nicht Karlstadt, sondern Luther der eigentliche Gegner war. Hier muss aber noch erwähnt werden, dass die Thesen über das Fegefeuer, den Schatz der Kirche und den Ablass von Karlstadt noch nicht ins Visier genommen waren. Eck griff Luther besonders wegen eines aus den Resolutionen zu den Ablassthesen herausgegriffenen Satzes an, dass die Oberherrschaft der römischen Kirche früher zur Zeit des Papstes Silvester (314–335) nicht bestanden habe.

Als Luther diese von Eck verfassten Thesen erhielt,

war er empört. Er hatte kein Interesse daran, den Streit auszuweiten, sondern wollte vielmehr als Friedensvermittler zwischen Karlstadt und Eck agieren. Jetzt jedoch war er herausgefordert, sich mit Eck auseinander zu setzen. In der entscheidenden Argumentation ging es um die Macht, die der Papst für sich in Anspruch nahm. Jetzt wollte er dieses Problem angehen. Bisher hatte er es nur gewagt, das Kirchenrecht, die „weltliche Verderbnis der Heiligen Schriften", anzugreifen.

Luther wusste nun, dass der Konflikt in ein neues Stadium getreten war. „Wenn Rom schon trauerte über die sterbenden Ablässe, was wird es erst tun, wenn seine Dekrete den Geist aufgeben?" Luther stellte sich dabei ganz unter die Barmherzigkeit Gottes; denn Gott musste erzürnt sein über die Traditionen der Menschen. Allerdings war ihm nicht klar, ob er in dieser Sache siegreich sein könnte. Er erarbeitete Gegenthesen gegen Eck und schickte sie in einem offenen Brief an Karlstadt. Darin bat er ihn, dass er sich in der Disputation nicht auf die unnötigen Streitereien um die Ablässe einlassen sollte. Luther wollte jetzt seine Sache selbst in die Hand nehmen, weil er nicht in Ruhe gelassen wurde, und er empfand es als Zeitverschwendung, wenn er sich „mit dem Possenreißen der Sophisten und römischen Schmeichler herumschlagen" müsse. Er stützte seine Argumente darauf, dass Eck gar nicht auf Karlstadt eingegangen sei, sondern ihn mit der Papstfrage neue Irrtümer vorgelegt habe. Er stellte Gegenthesen auf, in denen er die Position Ecks bestritt. Er behauptete weiter, dass der Mensch ohne Gnade unfähig zum Guten sei. Es sei Aufgabe des Priesters, dem reuigen Sünder die Vergebung zuzusprechen, auch wenn die Kirche hier Vorbehalte mache und Fegefeuer und Ablässe einbringe. Die Ablässe seien nicht der Schatz der Kirche. Sie seien zu verwerfen und kein christliches Gut. Der Papst könne auch nicht die Sündenstrafen aufheben.

Von entscheidender Bedeutung war dann die letzte Gegenthese, die sich mit dem Papst befasste. Die Frage blieb aber, ob man Luther überhaupt erlauben würde, an der Disputation teilzunehmen. Wie würde sich Eck ihm gegenüber verhalten? Wie würden Luthers Freunde auf die Ausweitung und Verschärfung des Konflikts mit der Kirche reagieren? Es war nicht besonders klug von Luther gewesen, dass er schon mit der Herausgabe seiner Thesen propagiert hatte, er werde mit Eck disputieren, ohne dass er sich vorher mit Leipzig abgesprochen hatte. Als Luther seinen Fehler erkannt hatte, entschuldigte er sich bei der Universität und bat nachträglich, man möge ihm erlauben, bei der Disputation dabei zu sein. Die Universität wollte Herzog Georg darüber entscheiden lassen. Dieser erklärte, das könne nur geschehen, wenn Eck damit einverstanden sei. Es gab noch ein längeres Hin und Her um diese Frage, bis Luther schließlich doch an der Disputation teilnehmen durfte.

Eck bat Luther, er möge doch seine Meinung über den Papst ändern und sich im Gehorsam dem römischen Stuhl unterwerfen. Luther habe sicher nicht Recht, denn Christus habe die Kirche über Jahrhunderte hinweg im Unrecht gelassen. Eck ging davon aus, dass Gehorsam gegenüber dem Heiligen Vater das entscheidende Problem bei Luther war. Früher waren Eck und Luther Freunde gewesen, aber nun betonte Eck: Wer sich außerhalb der Kirche stelle, mit dem könne man nicht Freundschaft halten. Er habe von dem Mann in der schwarzen Kutte größere

Geduld und Nüchternheit erwartet. Eck wollte Luther unbedingt zum Widerruf zwingen. Luther war über den Bruch der Freundschaft tief verletzt und warf Eck Untreue vor. Auch die Leipziger Theologen standen nicht auf Luthers Seite. Sie machten im Volk Stimmung gegen Luther und ermahnten die Bevölkerung, diesem Ketzer ja nicht anzuhängen. Luther musste bis zuletzt befürchten, von der Disputation ausgeschlossen zu werden.

Im April stellte Karlstadt seine Gegenthesen vor. Dabei legte er Wert darauf, dass er ein gehorsames Glied der Kirche sei.

Im Mai veröffentlichte auch Luther seine Gegenthesen. Er widerlegte den Vorwurf Ecks, dass er ein Feind der Kirche sei, betonte aber, dass der freie Wille nicht in trügerischer Weise an die Stelle Christi gesetzt werden dürfe. Im Übrigen vertraute Luther darauf, dass der Papst gegen Christus nichts will noch kann. Die Lehre Christi dürfe nicht verdüstert oder aufgehoben werden. Geduld und menschliche Bescheidenheit könne man von ihm nicht erwarten. An der Stelle würde er seine Gegner wie Cajetan und Eck, die die Gnade Christi bestreiten würden, nicht nur beißen, sondern verschlingen. Er könne seine Gegner nur verachten. Er vertraue in der Disputation, dass Gott alles zum Guten führen werde, auch wenn Eck durch Neid und üble Nachrede alles mit Dreck beworfen habe. Das waren deutliche Worte von Luther.

Er behauptete in seiner letzten Gegenthese, dass die Oberherrschaft des Papstes über die Kirche erst seit 400 Jahren rechtlich gelte. Dieser Satz wirbelte natürlich viel Staub auf und führte zu einer heftigen, lautstarken Diskussion. Sogar die Freunde Luthers verstanden seine aggressive Beweisführung nicht und waren beunruhigt. Karlstadt behauptete Spalatin gegenüber, Luther habe in diesem Punkt nicht Recht, und er habe ihm abgeraten, so zu argumentieren. Resigniert ließ Karlstadt verlauten, „ein scharfsinniger Geist lässt sich von einem Dummkopf nicht raten".

In diesem Satz gipfelte die persönliche Kontroverse, die er mit Luther hatte. Er distanzierte sich bewusst von Luther; denn er fühlte sich als gehorsames Glied seiner Kirche und wollte zur Papstfrage keine Stellung beziehen. Luther vermutete, dass Karlstadt diese Aussage gemacht hatte, weil er die Pfründe, die er von der Kirche erhielt, nicht verlieren wollte. Aber auch die anderen Kollegen in Wittenberg waren derselben Meinung und verstanden nicht, dass Luther sogar in seinen Predigten zur Papstfrage Stellung nahm.

Spalatin war durch diese neue kritische Situation in Sorge um Luther und versuchte, ihm in zwei Briefen seine Auffassung darzulegen. Luther verstand die Bangigkeit seines Freundes, da er ja früher schon Kopf und Kragen riskiert hatte. Es war allein Christus, der ihn bisher bewahrt hatte. Darum fürchtete sich Luther nicht vor möglichen Angriffen Roms auf sein Leben. Er äußerte klipp und klar, dass er nur aus Rücksicht auf den Kurfürsten und die Universität in Wittenberg noch nicht härter zu Felde gezogen sei; denn Rom, oder noch besser „Babel", wie er Rom titulierte, führe vernichtende Schläge gegen die Bibel und die Kirche. Wenn schon Spalatin an ihm als Theologen festhielte, dann müsse er ihm auch den Freiraum geben, seine Meinung klar und deutlich zu äußern. Er könne zu solchen Missständen nicht einfach schweigen. Vielleicht hielten ihn seine Freunde für wahnsinnig und dächten auch zuweilen daran, ihn zu verlassen, wie die Jünger Jesus im Garten Gethsemane verlassen hätten.

Aber wenn er auf Gottes Geheiß handele, brauche keiner Angst um ihn zu haben. Gott werde selber seine Sache hinausführen. Aber Luther wusste auch, dass er sich einer Entscheidung aussetzte. Daran wird deutlich, wie sehr das Papstproblem bei ihm Vorrang gewann. Doch er reagierte ganz gelassen und nahm sich selbst nicht so wichtig. Gott konnte sein Werk auch ohne ihn zum Ziel führen. Der Gedanke, dass er zum Märtyrer werden könnte, blieb ihm allerdings fremd. Sollte er eine Gefahr für den Kurfürsten sein, dann wäre es wohl besser, er verließe Wittenberg.

Vorsichtig weihte Luther Spalatin ein, was er eigentlich mit seiner Gegenthese erreichen wollte. Eck hatte ihm nämlich eine Falle gestellt. Deshalb sah er es als klug an, wenn er selbst eine List gebrauchte. Luther wollte dadurch auch beweisen, dass Rom nicht immer die Vorherrschaft über die Kirche gehabt habe. Die Kirchengeschichte widerlege Eck. Luther wollte der Sache mit dem Papsttum auf den Grund gehen, weil er überzeugt war, dass die Machtstellung des Heiligen Vaters auf falsch interpretierten Schriftworten beruhte. So machte er sich an die Arbeit und studierte eifrig das Kirchenrecht und die Kirchengeschichte. Was er entdeckte und erkannte, war kaum zu fassen. Hinter vorgehaltener Hand sagte er zu Spalatin: „Ich weiß nicht, ob der Papst der Antichrist selbst oder sein Apostel ist, so elend wird Christus, d.h. die Wahrheit von ihm, in den Dekreten verdorben und gekreuzigt.“ Luther war darüber bestürzt, wie die Gesetze missbräuchlich dazu herangezogen wurden, das Volk Gottes zu verhöhnen und für dumm zu verkaufen. Die Heilige Schrift wurde einfach übergangen, wenn es darum ging, die Macht des Papstes zu rechtfertigen. Luther war sich sicher, dass er zwar Eck nicht außer Gefecht setzen konnte, aber durch seine intensiven Studien konnte er beweisen, mit welch fragwürdigen Mitteln die Position des Papstes bisher festgeschrieben worden war.

Noch vor Beginn der Disputation verfasste er eine ausführliche Erklärung über seine Thesen von der „Gewalt des Papstes“. Das schien ihm wichtig, da er ja noch immer nicht wusste, ob er zur Disputation in Leipzig zugelassen werden würde. Er wollte mit dieser Veröffentlichung den Nachweis erbringen, dass die bisherigen Begründungen über die Unantastbarkeit und Macht des Papstes nicht stichhaltig und damit völlig untauglich waren.

Allerdings war Luther klar, dass nach Römer 13 und 1. Petrus 2 das Papsttum durchaus als eine von Gott verordnete Obrigkeit anzusehen sei. In diesem Sinne müsse man es anerkennen und dürfe sich auch nicht von der römischen Kirche abspalten. Die Kirche sei eine irdische Gewalt, aber sie dürfe nicht den Nimbus einer überirdischen Stiftung erhalten. Bei der Begründung seiner Erkenntnis berief sich Luther auf Matthäus 16,18 und Johannes 21,15 ff. Die Verheißung dieser Bibelworte diene allen Gläubigen, die sich auf Christus beriefen. Die Schlüsselfunktion gehöre in die Hände der glaubenden Gemeinde, die sie an einzelne Gläubige übertragen könne. Der Auftrag Jesu an Petrus: „Weide meine Schafe!“ beziehe sich auf die Verkündigung des Wortes Gottes. Mit diesen angeführten Bibelstellen ließe sich die Vorherrschaft des Papstes, der so genannte „Primat“, nicht begründen.

Luther bestritt, dass die Päpste unfehlbar seien und sich nicht irren könnten. Ebenso seien die päpstlichen Dekrete nicht mit dem Evangelium gleichzusetzen. Die Machtstellung des Papstes sei allein eine menschliche Entscheidung, und Rom sei nicht die Mutter aller Kirchen. Die Kirche als unüberwindbarer Fels sei immer da zu finden, wo das Wort Gottes gehört und geglaubt würde. Die Einigkeit in der Kirche gründe sich auf den Glauben, die Liebe, die Hoffnung, die Sakramente und das Wort der Bibel und bleibe von daher nicht auf Rom beschränkt. Die Konzilien erhielten ihre Entscheidungsmacht nicht von Rom. Die beiden Bibelworte seien eigenmächtig falsch interpretiert worden, um die Macht Roms zu stärken. Dadurch sei die Kirche in eine babylonische Gefangenschaft geraten. Luther geriet sogar in Zweifel, ob denn die Kirche überhaupt ein irdisches Oberhaupt nötig habe. Christus sei allein das Haupt der Gemeinde. Was die Vergebungsgewalt in der Beichte betreffe, kämen dem Papst nicht mehr Rechte zu als jedem Bischof oder Priester. Die Kirche solle das Wort Gottes predigen und nicht herrschen. Bei dem Machtanspruch Roms stünde das Heil auf dem Spiel. Wer die Heilige Schrift falsch auslege, verletze das ewige Leben für einen Menschen.

Aber Luther gab seine schärfsten und radikalsten Gedanken über den Papst als Antichristen oder dessen Handlanger, wie er sie im März Spalatin anvertraut hatte, in seiner Auslegung zu den Papstthesen nicht an die Öffentlichkeit.

Die eigentliche Disputation

Mit Spannung wurde von vielen Seiten der Ausgang der Disputation erwartet. Wie würde der Konflikt um Luther ausgehen? Bedeutende Männer wollten dies wissen und stellten sich ein: Prälaten, Kleriker, Mönche und Professoren. Nur die Dominikaner blieben fern, und das tat Luther Leid; denn gerade sie hatten den ganzen Konflikt ausgelöst. Erst im Nachhinein erfuhr Luther, dass Tetzel schwer erkrankt war und im Sterben lag. Er schrieb ihm einen teilnehmenden Brief voller Trost.

Zuerst traf Eck am 22. Juni in Leipzig ein und nahm an der Fronleichnamsprozession teil. Am 24. Juni kamen die Wittenberger mit ihrem großen Anhang. Karlstadt hatte eine ganze Kutsche voll Bücher mitgebracht. Er wollte für alle Fälle gerüstet sein. Neben dem Wagen hergehend begleiteten Wittenberger Studenten Luther, Melanchthon und Karlstadt. Natürlich wurde auch für Eck ein solches Ehrengeleit zusammengestellt, der ja nur in Begleitung eines Dieners in die Stadt gekommen war.

Die Wittenberger Studenten sorgten für Unruhe, und man musste versuchen, sie in Schach zu halten. Sie hatten vor der Herberge von Eck randaliert.

Die Stimmung in Leipzig war unterschiedlich. So berichtete Luther: „Die Leipziger grüßen und besuchen uns nicht und behandeln uns wie die ärgsten Feinde." Aber es gab auch Ausnahmen. Es war nicht zu übersehen, dass Eck mehr Anerkennung genoss, und man überhäufte ihn mit Geschenken. Die Wittenberger hingegen wurden nicht mit dergleichen Gaben bedacht. Nur ein Glas vom städtischen Ehrenwein wurde ihnen gereicht.

Zunächst wurde am 26. Juni 1519 die Marschroute für den Verlauf der Disputation vor den herzoglichen Beamten ausgehandelt. Eck sollte mit seinen Einwänden gegen zuvor festgelegte Thesen von Karlstadt beginnen. Darauf sollte dann Karlstadt antworten. Vier Juristen führten das Protokoll. Luther war es erlaubt worden, sich an der Disputation zu beteiligen. Er traf dabei auf etliche Vorbehalte. So sollte seine Appellation an ein Konzil von der Entscheidung der richterlichen Instanz unberührt bleiben. Richter zwischen Eck und Luther sollten die Universitäten Erfurt und Paris sein. Dabei blieb bis zuletzt strittig, ob die Universitäten als Ganze oder nur die theologischen Fakultäten entscheiden sollten.

Die Disputation begann am 27. Juni mit großer Ehrbezeugung und herrlichem Gepränge. Nach der Begrüßung fand ein Gottesdienst in der Thomaskirche statt. Der Austragungsort der Disputation war die Pleißenburg, da die Universität keinen Raum hatte, der für diesen Zweck groß genug gewesen wäre. Der Versammlungsort wurde von 76 bewaffneten Bürgern bewacht. Zwei Katheder standen sich gegenüber. Auf Ecks Seite saßen auch die Leipziger Professoren. Zeitweise nickten sie ein, und manche schliefen sogar fest.

Nach einer Einführung knieten alle Anwesenden nieder und hörten sich das Lied „Komm, Heiliger Geist“ an. Der Thomanerchor sang und wurde dabei von den Stadtpfeifern begleitet.

Treffend hat Mosellan die Hauptredner der Disputation charakterisiert: „Martin Luther ist von mittlerer Leibeslänge, hager von Sorgen und Studieren, so dass man fast die Knochen durch die Haut zählen könnte, noch in männlichem und frischem Alter und mit klarer, durchdringender Stimme. Er ist aber voller Gelehrsamkeit und vortrefflicher Kenntnis der

Schrift, so dass er gleichsam alles an den Fingern herzählen kann. Griechisch und Hebräisch weiß er so viel, dass er über die Auslegungen urteilen kann. Es fehlt ihm auch nicht an Sachen, denn es ist ein großer Wald von Worten und Sachen bei ihm zu finden. Seinem Leben und seinen Sitten nach ist er sehr höflich und freundlich und hat nichts Sauertöpfisches und Strenges an sich; ja, er kann sich in alle Zeiten schicken. In Gesellschaft ist er lustig, scherzhaft, lebhaft und immer freudig, immer muntern und fröhlichen Gesichts, ob ihm die Widersacher noch so sehr drohen, dass man schwerlich denken kann, dass der Mann ohne Gott solche wichtigen Dinge vornehme. Aber den einen Fehler tadeln alle an ihm, dass er im Bestrafen etwas zu frech und beißig sei, mehr als einem, der in der Theologie einen neuen Weg geht, sicher oder einem Gottesgelehrten anständig ist. Diesen Fehler haben wohl alle, die etwas spät gelehrt worden sind, an sich.

Das alles ist an Carlstadt ebenso, nur in etwas geringerem Grad, außer dass er noch kleinerer Statur und schwarzbraunen, verbrannten Gesichtes, unvernehmlicher und unangenehmer Stimme, schwächer am Gedächtnis und rascher zum Zorn ist.

Eck hingegen ist groß und lang, von starkem und vierschrötigem Leibe, voller Stimme, die von einer sehr starken Brust unterstützt ist, dass er nicht nur zu einem Tragödienspieler, sondern auch zu einem Herold taugte, jedoch dass sie mehr rau als deutlich ist; daher er nichts weniger als den lieblichen Klang des ciceronianischen Mundes, den man so an Fabius und Cicero lobt, an sich hat. Sein ganzes Gesicht, Augen und Anblick ist auch so geschaffen, dass man eher einen Fleischer oder carischen Soldaten als einen Theologen aus ihm machen sollte. Seinen Witz und Kopf belangend, so hat er ein vortreffliches Gedächtnis, und wenn ein gleicher Verstand dabei wäre, so wäre er ein rechtes Meisterstück der Natur gewesen. Allein, er hat nicht ein großes Vermögen, etwas rasch einzusehen oder recht scharf zu beurteilen, ohne welches es doch mit allen anderen Gaben nichts ist. Und das ist die Ursache, dass, wenn er disputiert, er einen solchen Haufen Gründe, Zeugnis der Schrift, Sprüche von Gewährsmännern ganz ohne rechte Auswahl durcheinander anführt und nicht merkt, wie das meiste sich gar nicht reimt, wie es, an seinem Orte recht verstanden, nicht zur Sache dient und wie vieles nicht echt und sophistisch ist. Denn ist nur seine Sache, dass er einen Haufen Zeugnisse vorbringe und den Zuhörern, die meistens nicht so scharfsinnig sind, ein Blendwerk vormache und ihnen die Meinung beibringe, dass er gesiegt habe. Dabei ist er voller unglaublicher Frechheit, die er aber auf die allerverschmitzteste Art bergen kann. Denn wenn er sieht, dass er sich bisweilen in die Stricke der Widersacher verfangen hat, lenkt er die Disputation bald auf etwas anderes. Bisweilen aber braucht er gar des Widersachers Meinung mit anderen Worten als die seinige und heftet dagegen seine ungereimte dem Gegenteil auf eine erzlistige Art auf, dass Sokrates nicht weiser scheinen möchte als er, außer dass jener sich dafür ausgab, er sei unwissend, und nichts als gewiss beschloss, dieser hingegen die peripatetische Zuversicht im Wissen von sich ausgibt und die Schmeichelkunst dabei treibt." (Brecht, „Martin Luther", Seite 298–300)

An der Charakterisierung dieser Gestalten merkt man deutlich, dass Mosellan mehr auf Luthers Seite steht. Eck kommt dabei schlechter weg. Aber in dieser Weise müssen wohl Luther, Karlstadt und Eck auf die Zuhörer gewirkt haben. Den Studenten unter dem Publikum hatten es besonders die Argumentationskraft, die Schriftkenntnis und die umgängliche Art Luthers angetan. Jeder der Kontrahenten hatte in der Diskussion einen anderen Stil. Eck war sich seiner scharfen Redeweise und Schlagfertigkeit bewusst. Er besaß auch ein hervorragendes Gedächtnis und spielte mit diesen Vorzügen vor allen Dingen Karlstadt an die Wand, auch wenn dieser die treffenderen Argumente hatte. Karlstadt hatte die Angewohnheit, längere Partien aus Büchern zu zitieren. Diese langatmige Art ärgerte Eck, und er verbot sie ihm. Bei Eck gewann das Publikum auch den Eindruck, dass es ihm mehr um seine Ehre und um seinen Vorteil ging als um seine Sache. Er wollte unbedingt als Sieger aus dem Konflikt hervorgehen, was ihm seine Gegner und das Publikum übel nahmen. Er bestand immer darauf, das letzte Wort zu haben. Natürlich hob er auch hervor, dass er von Natur aus ein geduldiger Mensch sei. Er wollte aber nicht die Verständigung mit seinen Gegnern erreichen, sondern nur, dass sie ihre Position als falsch erkannten. Zuweilen wurde er sehr laut und stürmisch in der Gesprächsführung. Dann musste der herzogliche Kommissar wieder für Ruhe sorgen und die Auseinandersetzung aufs rechte Gleis lenken. Meist aber hatte Eck dabei seine Hand im Spiel, und die Eingriffe des Diskussionsleiters wirkten sich mehr zu seinen Gunsten aus. Den Wittenbergern gefiel diese Vorteilsnahme nicht, und sie waren empört darüber.

Die Disputation fand in drei Gesprächsverläufen statt. 17 Tage aber reichten nicht aus, um die strittigen Probleme anzugehen. Kaum eine Sache konnte richtig ausdiskutiert werden. Wahrscheinlich hätte sich alles noch mehr in die Länge gezogen, wenn sich nicht Kurfürst Joachim von Brandenburg auf seiner Rückreise von der Kaiserwahl bei Herzog Georg als Gast angesagt hätte und somit die Pleißenburg gebraucht wurde.

Der erste strittige Punkt zwischen Eck und Karlstadt war die Diskussion um den freien Willen. Jeder legte seine Position dar, aber zu einer endgültigen Entscheidung kam es nicht. Zeitweilig kam man sich näher, aber schließlich wurde die Papstfrage ins Spiel gebracht, und das verschärfte die Diskussion. Dieser Punkt betraf eigentlich Luther und Eck. Schon vor der Disputation war es zwischen Luther und Eck zu einem Zwischenfall gekommen. Luther sollte am Tag „Peter und Paul" in der Schlosskirche die Predigt halten. Darum hatte ihn der Herzog Barnim von Pommern gebeten. Aber dieser Gottesdienst musste in den Disputationssaal verlegt werden, weil die Kirche wegen Überfüllung geschlossen werden musste. Die Schriftlesung für die Predigt stand ausgerechnet an diesem Tag in Matthäus 16,13-19. Hier geht es um das Petrusbekenntnis, auf das man in der römischen Kirche die Papstvollmacht stützt. Das bot Martin Luther die Gelegenheit, seine Auffassung darzulegen. Er konnte also die Bedeutung der Lehre von der Rechtfertigung und Kirche vortragen. Die zentrale Frage für Luther lautete: Wie wird der Mensch gerecht? Seine Antwort hieß: „Nicht aus sich selbst oder aus freiem Willen. An sich selbst soll man verzweifeln und auf die Gnade vertrauen ... Das ist die lebenslang gebotene Haltung. Gott versagt denen, die ihn demütig um seine Gnade bitten, diese Gnade nicht. Begabt mit der Gnade, hat er den freien Willen zu den guten Werken. Das ist zu predigen. Die Leute sind frei zu machen von ihrem falschen Selbstvertrauen. Vor den Werken ist die Gnade zu lehren, aus der dann die Werke fließen. Über das Schlüsselamt ist nicht viel zu diskutieren, eher über seinen rechten Gebrauch. Es ist zunächst dem Petrus gegeben worden, der dabei aber die Kirche vertrat, d.h. im Grunde ist es jedem Christen gegeben. Die Priester sind die Diener der Schlüsselgewalt. Die Schlüssel werden recht gebraucht durch den Empfang der Gnade, und alles kommt dabei auf die Gnadengewissheit an. Soll nämlich das Gewissen fröhlich sein, muss es wissen, wie es mit Gott dran ist. Die Gewissheit, einen gnädigen Gott zu haben, ist notwendig, denn anders hat man ihn nicht. Sie kommt aus dem Glauben, den die Gnade durch die vom Schlüsselamt zugesprochene Sündenvergebung wirkt. Der Glaube ist froh, getrost und befähigt zu den guten Werken, ohne ihn muss man hingegen verderben." (Brecht, „Martin Luther", Seite 303-304)

In nur wenigen Sätzen formulierte Luther hier das Wesentliche über die Rechtfertigung. Eck war mit dieser Auslegung nicht zufrieden und hielt in verschiedenen Kirchen Leipzigs eine Gegenpredigt. In der Disputation, die folgte, bemühte er sich herauszustellen, dass der Papst auf Grund des göttlichen Rechtes oberster Regent der Kirche sei. Luther aber betonte, Jesus Christus sei das Haupt der Gemeinde. So stehe es in der Bibel geschrieben. Der Vorwurf Luthers lautete: Eck sei sehr oft von den Argumenten der biblischen Schriften zu den Kirchenvätern geflüchtet. Luther verwahrte sich gegen die gegnerischen Angriffe, er verfalle in „böhmische Ketzerei". Damit waren die Lehren von Johann Hus gemeint, der Professor in Prag gewesen und auf dem Konzil von Konstanz (1414–1418) von der römischen Kirche als Ketzer verurteilt und auf dem Scheiterhaufen verbrannt worden war. Luther sagte, Matthäus 16 beziehe sich auf den Glauben der Christenheit und nicht, wie es fälschlicherweise gesagt werde, auf den Papst. Den Vorwurf, er sei ein Ketzer wie die böhmischen Husiten, ließ er nicht auf sich sitzen. Ja, er tadelte die Husiten sogar, weil sie sich von der Kirche abgespaltet und so die Liebe verletzt hätten, obgleich sie das göttliche Recht auf ihrer Seite gehabt hätten. In seiner Argumentation blieb Luther unerbittlich und scharf, er warf Eck vor, er habe für die Verteidigung des päpstlichen Primats kein einziges Bibelwort angeführt. Christus allein sei das Fundament der Kirche. Zu seiner Begründung bezüglich des Papstproblems berief sich Luther auch auf Hus.

An dieser Stelle griff Eck Luther an und wollte ihn zum Ketzer abstempeln. Luther nannte diesen Angriff eine schamlose Verleumdung. Daraufhin weitete sich die Auseinandersetzung aus. Hus und das Konzil wurden ins Spiel gebracht. Das Gespräch verlief recht hitzig, und der herzogliche Kommissar Pflug, der die Disputation lenken sollte, tadelte beide Kontrahenten. Ehrverletzungen seien hier nicht angebracht. Ebenso sollten weder die Kirchen noch die Konzilien angetastet werden.

Als Luther wieder an die Reihe kam, wehrte er sich dagegen, dass Eck sich als Richter aufspiele. Eck disputiere nicht, sondern errege Hass. Auch ein Konzil könne sich irren, behauptete Luther. Natürlich protestierte Eck wieder heftig und wollte einen Gegenbeweis vorlegen. Luther warf er vor, er unterstütze die verfluchten Husiten. Nun ging es nicht mehr allein um das Problem der Vorherrschaft des Papstes, sondern auch um die Bedeutung der Konzilien.

Luther legte dar, dass einzelne Artikel von Hus christlich seien, da er sein Kirchenverständnis Augustin verdanke und sein Handeln auf Christus bezöge. Diese Sicht schien ihm unverfänglich zu sein. Für Luther war die Oberherrschaft der Kirche nicht glaubensnotwendig. Eck solle hierzu den Gegenbeweis liefern. Ein als wahrhaftig verstandener Artikel dürfe nicht im Nachhinein vom Papst und von den Konzilien als falsch dargestellt werden. Das war Luthers Meinung. Es blieb nicht aus, dass sich Luther gegen das Konstanzer Konzil und für verschiedene Artikel von Hus aussprach. Für Eck aber waren die Artikel des Konzils wahr, und wer sie nicht bejahte, griff damit die Ehre des Konzils an.

Die Folgen der Disputation

Paris und Erfurt sollten an ihren Universitäten über Sieg und Niederlage bei der Leipziger Disputation entscheiden. Sie ließen lange auf ein Urteil warten. Aber unter der Zuhörerschaft wurden die Standpunkte heiß diskutiert. Die Öffentlichkeit wurde bestens über alles informiert, und jeder versuchte, sie für sich zu gewinnen. Das Ereignis von Leipzig zog Kreise und forderte die Menschen zur Meinungsbildung heraus.

In den Städten unterschied man von da an zwischen dem herkömmlichen Glauben und der Reformation. Dabei wurde die Bibel die stärkste Waffe in den Händen der Anhänger Luthers.

Nachdem Melanchthon von Leipzig zurückgekehrt war, verfasste er für den damaligen Augsburger Prediger Oekolampad einen sachlichen Bericht. Darin prangerte er Ecks bösen und gemeinen Disputationsstil und seine oft unbegründeten Aussagen in der

Frage um den Papstprimat an. Damit habe er Luther in Verruf gebracht, obwohl dieser an der Autorität der Konzilien habe festhalten wollen. Sachlich hätten Ecks Argumentationen gar nichts gebracht. Allerdings lobte er Ecks Verstand und Karlstadts Gelehrsamkeit. An Luther bewunderte er seine Bildung, seinen lebendigen Verstand und seine Beredsamkeit und fügte dem Bericht noch eine Liebeserklärung hinzu: „Ich kann nicht anders, als diesen wahren und rein christlichen Geist zu lieben."

Es folgten noch eine Reihe von Schriften der Kontrahenten und ihrer Anhänger.

Es war ein harter Schlagabtausch, bei dem es an Grobheiten nicht fehlte. Als Luther erkannte, dass jede weitere Diskussion mit Eck die Auseinandersetzung nur noch verschlimmerte, bat er auch Karlstadt, die Schimpfereien „gegen den allergröbsten Esel und das angebliche Doktorchen Eck" zu unterlassen. Ecks ungebührliches Verhalten würde auf ihn selbst zurückfallen. Doch Karlstadt ließ sich nicht von Luther beeinflussen.

Der Reformator

Luther und die Öffentlichkeit

Bisher sah man Luther nur als kritischen Beobachter, der die Ablasspraxis und die Stellung des Papstes sowie sein Handeln streng unter die Lupe nahm. Aber noch ahnte die Bevölkerung nicht, dass sich hinter dem streitbaren Augustinermönch ein großer Erneuerer der Kirche verbarg, durch den ein Verständnis der Buße und des Heils formuliert wurde, das der Heiligen Schrift entsprach. Ausgehend von dem, was er durch sein Studium der Bibel erkannt hatte, wollte Luther Neues bewirken; aber dazu brauchte er die Mitarbeit der Christen in der Kirche. Doch diese waren noch zu sehr in ihrem Frömmigkeitsverhalten an das Alte gebunden und verweigerten sich der Kritik Luthers.

Schauen wir zurück auf Luthers Leben im Kloster, dann wird uns bewusst, durch welche Krisen und Anfechtungen der fromme Mönch gegangen ist. Er nahm es mit seinem Christsein sehr ernst und wollte Gott mit seinem Beten, Glauben, seiner Beichte und Buße gefallen. Er quälte sich wahrscheinlich mehr als jeder andere Gläubige und konnte doch nicht die Angst vor dem Allmächtigen überwinden. Erst als er entdeckte, dass er allein durch den Glauben an Christus gerettet wird und rein vor Gott dastehen kann, änderte sich sein Zustand. Luther fand aus seiner Krise heraus, als er Gott entdeckte, der ihm in Christus der barmherzige Vater geworden war. Seine geschundene Seele wurde heil. Die Erfahrung des gnädigen Gottes veränderte sein Christsein von Grund auf. Ausgehend von der Rechtfertigung durch Gnade allein, bahnte sich die reformatorische Wende an.

Diese wunderbare Erkenntnis zog in seinem Leben Kreise. Es war, wie wenn man einen Stein ins Wasser wirft und sich plötzlich ein Kreis nach dem andern bildet. Nun ging es Luther nicht mehr allein darum, dass er für sich die Gnade und das Heil Gottes erfasst hatte. Diese wunderbare Heilsbotschaft musste auch die anderen Menschen erreichen. Das ganze Land sollte davon durchdrungen werden. Das machte Luther zum Reformator. Er hatte diese Wahrheit nicht nur in seinem Studierzimmer erkannt, sondern wollte sie auch für das geistliche Leben der Bevölkerung fruchtbar machen. In den Jahren 1519 bis 1521 veröffentlichte Luther eine Reihe von programmatischen Schriften, die einen Vorstoß in die Weite darstellten. Außerdem trug er seine Erkenntnis durch Predigten und Disputationen im Lande vor, aber auch durch Appelle und Streitschriften. Meist verdankten sie ihr Erscheinen einem konkreten Anlass. Auch wenn Luther sich darüber beschwerte, dass die vielen Briefe und Schriften, die seiner Rechtfertigung vor dem Papst und seinen geistlichen Herren dienten, ihn in seinem eigentlichen Wirken aufhielten, so dienten sie doch zur Aufklärung geistlicher Sachverhalte. Diese Streitschriften waren meistens in deutscher Sprache verfasst und wurden begierig von den gebildeten Schichten des Volkes angenommen.

Stark unterstützt und gefördert wurde dies alles durch die Entwicklung des Buchdrucks und die Verwendung der Volkssprache. Schon 1519 schrieb Luther 13 Schriften in deutscher Sprache gegenüber zehn in lateinischer Sprache. Seit 1518 stieg die Produktion der Druckereierzeugnisse gewaltig an. Während im Jahre 1519 noch 111 deutsche Titel gedruckt wurden, waren es zwei Jahre später bereits 498, von denen sich allein 418 mit Problemen der Reformation befassten. Den Löwenanteil hatten daran Luthers Schriften.

Besondere Bedeutung erlangten dabei die Flugschriften und Flugblätter. Hinsichtlich ihrer Wirkung hatten sie zwei Vorteile: Einmal waren sie kurz und bebildert. Das Titelblatt machte so schon die visuelle Erfassung des Inhalts möglich, was besonders denen zugute kam, die nicht selber lesen konnten und sich den Inhalt vorlesen lassen mussten. Außerdem waren die Menschen seit dem Mittelalter darin geübt, bildhaft wiedergegebene Dinge zu deuten. Dann wandten sie sich vor allem an den „gemeinen Mann". Weil Luther das allgemeine Priestertum aller Gläubigen betonte, wurde der „gemeine Mann" zu einem entscheidenden Empfänger und Multiplikator der Botschaft des Evangeliums, die ihm in seiner eigenen Sprache und in verständlicher Weise dargeboten wurde.

Die Gegner Luthers hatten erkannt, welch großes Aufsehen er mit seinen Schriften erregte und fürchteten seine Veröffentlichungen. So wurde er zum meistgelesenen Autor in der damaligen Zeit. Luther benutzte dabei nicht nur eine verständliche und volksnahe Sprache, sondern gliederte auch den Inhalt seiner Schriften. Dabei forderte er sich viel ab und ging bis an die Grenzen seines Leistungsvermögens. Einmal litt er so sehr unter der Fülle der Arbeit, dass er klagte: „Ich bin gewiss von flinker Hand und paratem Gedächtnis, aus dem mir mehr fließt, als dass es gepresst wird, was ich schreibe, und trotzdem tue ich nicht genug."

Auf die Verbreitung seiner Schriften hatten seine Gegner ein scharfes Auge gerichtet, und so erschienen auch manche Gegenschriften, auf die Luther wiederum reagierte. Das war für ihn eine Herausforderung, seine Denkweise und die Art seiner Niederschriften zu überprüfen.

Die Neugestaltung der Frömmigkeit

In seinem Leben wie auch in seinen Predigten richtete Luther ein besonderes Augenmerk auf das Leiden Christi. In der Passionszeit 1519 gab er den „Sermon von der Betrachtung des heiligen Leidens Christi“ heraus. Er wandte sich darin gegen die oberflächliche Art der Gläubigen, wie sie mit dem Leiden Christi umgingen. Er wollte erreichen, dass die Betrachtung Jesu in seinem Leiden und Sterben die Menschen zu der Erkenntnis führte, dass sie selbst durch ihre Sünden am Tod Christi schuldig seien. Allerdings könne diese Erkenntnis nur von Gott selbst gewirkt werden. Wer seine Schuld am Tod Jesu Christi erkannt habe, dürfe dabei aber nicht stehen bleiben. Im Glauben solle der Fromme seine Schuld und Sünde auf Christus werfen, da sie nur der Gottessohn durch die Auferstehung an Ostern überwunden habe. Gott allein schaffe auch die Glaubensgewissheit, mache das Herz froh und ermutige den Christen, nach dem Vorbild seines Herrn zu leben. Das Leiden Christi solle einen Menschen in der Tiefe seines Herzens erfassen und ihn so zur rechten Jesusnachfolge führen.

Besonders wertvoll ist Luthers Auslegung zum Vaterunser, die 1519 erschien. Darin macht er deutlich: „Je weniger Worte, desto besser ist das Gebet. Ein Christ soll nicht viel reden, wenn er betet, wie die Heiden; denn so steht es auch in der Schrift. Wer Gott anbeten will, muss dies im Geist und in der

Wahrheit tun. Solche Anbeter gefallen Gott. Das bloße Plappern mit dem Mund ohne innere Andacht ist verwerflich. Die Andacht des Herzens ist für die Begegnung mit Gott entscheidend. Das höchste und edelste Gebet ist das Vaterunser. Jesus hat es seinen Jüngern anvertraut, als sie ihn baten: „Herr, lehre uns beten."

Wir brauchen das Gebet, weil unser Leben oft angefochten ist und wir in Ängste hineingeraten. Aber auch das Notvolle in unserem Leben hat seinen Sinn; denn dadurch werden wir in die Arme Christi getrieben und erkennen, wer er ist. So lehrt uns das Wort Christi, unser Kreuz zu tragen, bis der Herr es wendet. Wir bleiben nicht bis in alle Ewigkeit geplagte Leute, sondern wissen uns errettet und für das ewige Leben bestimmt. Die Anfechtung lehrt uns auch, Geduld zu haben und in aller Schwachheit an Jesus festzuhalten.

Hilfreich und ermutigend sind auch Luthers „Vierzehn Trostgründe für die Mühseligen und Beladenen". Als Friedrich der Weise von der Kaiserwahl zurückgekehrt war, erkrankte er schwer. Aus diesem Anlass verfasste Luther diese Schrift als eine Art „Krankenbesuch". Wunderbar vermochte er zu trösten. Lebensnah schildert er die Nöte, in die Menschen hineingeraten können: Angst, Gefahr, Tod, Hölle, Anfechtung, Kreuz und Sünde seien die sieben Übel, die den Menschen heimsuchen können. Aber allen Widerwärtigkeiten seien auch Grenzen gesetzt. Im Leid stehe Christus uns bei, und so können wir es im Nachhinein sogar lieben lernen. Auch die „sieben trostvollen Güter" nennt uns Luther: Der Mensch sei begabt mit Wort und Glauben. Gottes Friede sei ihm verheißen. Seine Führung sei wunderbar. Selbst in der Hölle sei Gott seinen Kindern nahe. Sogar durch das Böse bewirke Gott Gutes. Der Christ dürfe in der Gemeinschaft mit Gottes Kindern leben. Das höchste Gut aber sei die Auferstehung. Hier gebraucht Luther das Bild von der Gerechtigkeit Gottes als dem Wagen, in dem die Gläubigen sitzen und zum Himmel gefahren werden. Durch Christus würden wir die Rechtsprechung von Gott für unsere Sünden erfahren, und das sei der stärkste Trostgrund. Der Wagen der Werkgerechtigkeit aber fahre zur Hölle.

Kurz darauf verfasste Luther den Sermon „Von der Bereitung zum Sterben". Der kurfürstliche Rat Markus Scharf hatte ihn darum gebeten. Luther erhielt für diese Schrift von seinem Auftraggeber zehn Gulden, die er an die Armen verteilte. Für die Menschen jener Zeit war eine solche Schrift sehr aktuell. Mitten im Leben wussten sie sich ständig vom Tod umgeben. Schon die hohe Kindersterblichkeit trug dazu bei. Bei der niedrigen Lebenserwartung erreichten nur wenige das 40. Lebensjahr. Wenn jemand ein biblisches Alter erreichen konnte, dann waren es 70, höchstens aber 80 Jahre (Psalm 90,10). Dies kam einem Wunder gleich. So wurden in dieser Zeit Trostschriften zum Bestseller.

Luther lag daran, dass der Mensch sich wohl mit dem Tode beschäftigen soll, und er beschreibt in schrecklichen Bildern Tod, Hölle und Sünde. Während der Lebenszeit sei es wichtig, sich damit auseinander zu setzen, aber im Sterben solle keiner seine Sinne auf diese dunklen Mächte richten. Er müsse diese Bilder vielmehr aus seinem Gedächtnis vertreiben, wenn sie sein Gemüt verdüstern wollten. Der Blick des Todgeweihten solle allein auf Christus gerichtet bleiben, der „dem Tode die Macht genommen und das Leben und die Unvergänglichkeit ans

Licht gebracht hat durch das Evangelium“ (2. Timotheus 1,10). Am Kreuz wurde die Sünde „erwürgt und vernichtet und die Hölle besiegt“. Darauf solle der Mensch in seiner Todesanfechtung schauen.

Luthers Trostschriften nehmen immer konkrete, anschauliche Bilder auf und wenden sich nicht nur an den Intellekt des Menschen. So wird der Glaube gestärkt, und das Sakrament kann als Tröstung empfangen werden. In Buße, Abendmahl und der Letzten Ölung kommt Christus den Menschen entgegen. Er hat selbst das Grauen des Todes erleiden müssen, ist aber gestärkt und sieghaft aus diesem Todeskampf hervorgegangen. Tod und Hölle haben ihm nicht schaden dürfen, weil er sich im Gehorsam an seinen Vater im Himmel gehalten hat. Fröhlich und voller Hoffnung darf sich der Mensch auf Gottes Verheißung gründen, auch wenn er sich elend und unwürdig vor Gott fühlt. Allein das Wort des Evangeliums, die gewaltige Gnadenzusage Gottes, ist in der letzten Stunde entscheidend. So kann der Mensch im Vertrauen auf den Tod Christi in Gottes neue Welt eingehen.

Die neue Ethik Luthers

Spalatin bat Luther, er möge doch die Schrift „Sermon von den guten Werken“ herausbringen, die er schon zugesagt habe. Luther war zunächst anderer Meinung, weil er schon so viel geschrieben habe. Seine Leser würden wohl kein großes Verlangen nach weiteren Büchern von ihm haben. Dann aber machte er sich 1520 doch an die Aufgabe und verfasste das kleine Buch. In dieser Schrift setzte er sich mit dem Vorwurf auseinander, dass er die guten Werke verbiete und die Menschen vertröste, ihr Vertrauen allein auf den Glauben, die Taufe und die Absolution zu setzen. Nun wollte er eine kurze Darlegung schreiben, wie es sich mit den guten Werken verhielte und wie sie getan werden sollten.

Er begann sein Werk mit der Auslegung des ersten Gebotes: „Ich bin der Herr, dein Gott, du sollst keine andern Götter neben mir haben." Auf dieses Gebot gründeten sich alle anderen Gebote. Nur die Werke seien gut, die Gott den Menschen befohlen habe. Erstaunlicherweise nannte Luther als erstes gutes Werk den Glauben, denn ohne Glauben sei kein gutes Werk möglich. Bisher bezeichnete die Kirche das Beten, das Fasten und das Almosengeben als gute Werke, aber die Arbeit, das alltägliche Tun und der Schlaf waren davon ausgenommen. Luther setzte dagegen: „Alles, was nicht aus dem Glauben geschieht, ist Sünde" (Römer 14,23).

Alle Werke aber, die aus dem Glauben, der Liebe, der Freude und der Hoffnung getan würden, gefielen Gott. Alle seien sie gleich, und der Glaube solle das tun, was ihm vor die Hände kommt. Als Beispiel führte Luther die Hausfrauen an. Ihr Tun war zur damaligen Zeit, wie ja auch oft heute, nicht sehr hoch geachtet. „Die Magd, die den Stall ausfegt, tut einen größeren Dienst als der heilige Antonius in der Wüste." Auch sollten wir mit den Schwachen behutsam umgehen. Das fordere schon die Liebe; denn in der Bibel heiße es: „Die Liebe tilgt auch der Sünden Menge" (1. Petrus 4,8). Wir leben ja alle von der Vergebung.

Das zweite Gebot fordert, dass der Mensch Gottes Namen ehren soll. Dies könne nur aus dem Glauben geschehen; denn der Mensch könne nichts aus sich selber heraus vollbringen. Er sei ganz von Gott abhängig. Der Christ solle für Wahrheit und Gerechtigkeit eintreten und sich gegen Unrecht und Ketzerei stellen. Darin ehre er Gott. Dieser Einsatz fürs Evangelium könne natürlich auch Martyrium mit sich bringen. Dennoch solle ein Christ wissen, dass sein Vertrauen auf Jesus nicht zuschanden werde.

Das dritte Gebot spricht von der Heiligung des Feiertags. Dies geschehe durch die Teilnahme am Gottesdienst und das begierige Hören auf die Predigt, die uns die Sünden bewusst mache und uns in die Buße führe. Unser Gebet brauche, wenn es echt sei, nicht viele Worte. Wir dürften Gott alles sagen, was uns bedrücke und beschwere. Wer sich vor Gott unwürdig fühle, solle dennoch beten; denn Gottes Barmherzigkeit fiele gerade den Armen und Elenden zu und heile alle Wunden, die uns die Sünde geschlagen habe. Großen Wert maß Luther dem fürbittenden Gebet für die Gemeinde zu. Damit werde die Kirche auferbaut und den Mängeln und Fehlern in ihr vorgebeugt.

Das vierte Gebot betrifft den Gehorsam der Kinder ihren Eltern gegenüber. Luther weitete dieses Gebot noch aus und bezog alle Obrigkeit mit ein. Noch einmal schärfte er den Eltern ein, ihren Erzieherpflichten nachzukommen. Aber er forderte auch den Gehorsam gegenüber der „Mutter Kirche“. Damit berührte er einen heiklen Punkt im Blick auf sein eigenes Verhalten. Er ging aber dieser Weisung nicht aus dem Weg, sondern bemühte sich, die „Mutter Kirche“ recht zu verstehen. Freimütig stellte er das Versagen der Verantwortlichen an den Pranger. Sie trügen mit Schuld daran, dass der Kirche nicht die Ehre entgegengebracht werden könne, die ihr gebühre. Rom fordere falsches Handeln von den Gläubigen und widerspräche den Geboten Gottes. An der Stelle sei es erlaubt, ja sogar geboten, dass die Christen rebellierten. Luther forderte eine Reform der Kirche. Er verlangte, dass diese Kirchenreform durch den Adel und die Fürsten in Gang gesetzt werde. Natürlich war ihm klar, dass es auch im weltlichen Bereich viel Versagen und Missbräuche gab. Aber den Schaden in der Kirche hielt er doch für weit katastrophaler und bedrohlicher. In diesem Gebot wandte er sich vor allem an die Mächtigen. Missstände müssten schnellsten beseitigt werden.

Bei den noch folgenden Geboten, die aber im Sermon nur kurz erwähnt werden, ging es Luther darum, positiv darzustellen, wozu ein Gebot nützlich sei. Er betonte besonders, dass der Glaube an den gnädigen Gott auch zur Folge habe, dass man dem Nächsten gegenüber gnädig sei. Er wies besonders auf die Sanftmut hin, die vor allen Dingen im Blick auf das Tötungsverbot anzuwenden sei. Das Gleiche galt ihm für das Gebot: „Du sollst nicht stehlen." Die Wahrheit stand für Luther immer an oberster Stelle, und er forderte sie auch gegenüber dem Papst, dem Bischof, dem Fürsten und dem König. Dies sei allerdings nur aus dem Glauben an Gott möglich.

Luther bewirkte mit seinem Sermon an einigen Stellen eine Erneuerung; aber den eigentlichen Durchbruch für die Reform des sittlichen Verhaltens konnte er nicht erreichen.

Wesentlich wirkungsvoller war seine Schrift „An den christlichen Adel deutscher Nation von des christlichen Standes Besserung". Luther hob vor allen Dingen drei Punkte hervor, die auf einem Konzil behandelt werden sollten, und machte als Abschluss eine Reihe von Reformvorschlägen. Diese Schrift sollte keine theologische Lehre beinhalten, sondern eine Ermahnung an den deutschen Adel sein, sich um die Missstände im Reich zu kümmern. In der Rolle des Ratgebers fühlte sich Luther recht seltsam, und so verfremdete er diese Schrift und erklärte sie zur „Narrenrede“. Er war sich der Risiken bewusst, die mit dieser Schrift verbunden waren. Er konnte sie nicht in der Gewissheit eigener Klugheit und Stärke schreiben, sondern musste mit Gottes Beistand rechnen; denn er hatte hier nicht mit Fleisch und Blut zu kämpfen, sondern unmittelbar mit dem Teufel.

Es war erstaunlich, dass Luther eine solche Schrift an den deutschen Kaiser und an den Adel richtete. Karl V. war noch jung, und auf diese Jugend setzte Luther seine Hoffnung. Er sollte dem Tun und Treiben des Papstes ein Ende bereiten.

Es gab aber manche adlige Herren, die Luthers Erneuerungswillen erkannten und sich hinter ihn stellten. Die Menschen in Deutschland fühlten sich durch die Geldgier Roms seit Beginn des 15. Jahrhunderts ausgebeutet und suchten dringend nach einer Lösung. So kam das Unbehagen im Volk Luthers Reformbestrebung entgegen. Doch die Anhänger des Papsttums waren an einer Änderung der Situation nicht interessiert, weil eine Kirchenreform ihnen den Geldhahn zugedreht hätte. Gegenüber der mächtigen Kirche in Rom betonte Luther den Gedanken des allgemeinen Priestertums aller Gläubigen. Nach den Aussagen der Schrift in 1. Petrus 2,9 sind alle Gläubigen zu „Königen und Priestern“ berufen. Wer aus ihrer Mitte zum Amtsträger gewählt werde, solle nicht über die anderen herrschen und sie ausbeuten. Die Oberen der Geistlichkeit sollten zur Verantwortung gezogen werden können, wenn sie ihrer Aufgabe nicht gerecht würden oder den Christen Lasten auferlegten und sie ausbeuteten. Der Gedanke vom allgemeinen Priestertum aller Gläubigen hätte die Vorherrschaft des Papstes in der Kirche zu Fall bringen können. Für Luther war die Gemeinde das Ausschlaggebende und das Herzstück des Glaubens. Auch ein Papst könne sich irren und eine Fehlentscheidung treffen. Daher sei er auf Ermahnung durch andere Christen angewiesen. So richtete Luther einen Ruf an das deutsche Volk, es solle endlich aufwachen vom Schlaf und den Papst nicht mehr fürchten.

Die Androhung der Bannbulle

Immer stärker und heftiger wurde die Kampfansage Roms gegen Martin Luther. Kurfürst Friedrich der Weise sollte dazu bewogen werden, über ihn nicht länger seine behütenden Fittiche auszubreiten. Inzwischen war die Papststadt darüber gut informiert worden, dass es bei Luther nicht nur um die Ablassfrage ging, sondern dass er eine grundlegende Erneuerung der Kirche an Haupt und Gliedern anstrebte. Die Kommission verfasste die Bulle *Exsurge Domine*. Jede päpstliche Bulle wird nach den ersten beiden lateinischen Worten genannt, mit denen sie beginnt. Im Deutschen lauten diese beiden Worte: „Erhebe dich, Herr". Das ist der Beginn von Psalm 74,22. In diesem Psalm soll Gott seine Sache führen und die Füchse und wilden Eber, die den Weinberg des Reiches Gottes zerstören, vertreiben. Damit waren die Lehren Luthers gemeint, die der Kirche schadeten. Die Seuche der Zerstörung greife wie die Pest um sich, und deshalb müsse mit diesen Umtrieben Schluss gemacht werden. In der Bulle wurde gefordert, dass Luther seine Lehre, wie er sie in seinen Schriften und Predigten verbreitete, widerrufen sollte. Jeder Christ sei dazu aufgerufen, Luther dingfest zu machen und ihn nach Rom zu bringen. Wer ihn beherberge und verköstige, mache sich schuldig.

Im Mai 1520 versuchte Rom noch einmal, über Friedrich den Weisen gegen Luther vorzugehen. Der Kurfürst sollte ihn davon überzeugen, dass er sich in seiner Lehre geirrt habe. Doch Luther hatte zu dieser Zeit schon mit dem Papsttum gebrochen, auch auf die Gefahr hin, dass die katholische Kirche ihn verdammen würde. So war der Kurfürst in großer Sorge um Luther und meinte: „Sie werden mir den Mönch noch vertreiben." Luther war fest entschlossen, nichts zu widerrufen und das Evangelium in Predigten und Schriften rein und lauter zu verkündigen. Er machte auch deutlich, dass die Reformation schon sehr viele Anhänger gefunden hatte. Wenn man ihn tötete, stünden gleich viele auf, um die Wahrheit der Heiligen Schrift zu bezeugen.

Rom mühte sich inzwischen, den Kaiser in diese religiösen Auseinandersetzungen hineinzuziehen. Er sollte veranlassen, Luther nach Ablauf der Widerrufsfrist gefangen zu nehmen und alle ketzerischen Schriften zu verbrennen. Am 21. September 1520 wurde die Bannandrohungsbulle in Meißen und später in Brandenburg veröffentlicht. Außerdem wurde sie verschiedenen Bischöfen und Universitäten übermittelt. Luther aber erklärte die Bulle als gegenstandslos: „Ich will keinen Meister haben denn nur einen, der heißt Christus im Himmel."

Mit dieser Haltung hatte er die innere Loslösung von Rom vollzogen. Eine Aussöhnung mit dem Papst war für immer unmöglich gemacht. Im Dezember 1520 kam es zum endgültigen Bruch, nachdem Luthers Schriften in Köln und Mainz verbrannt worden waren. Die Bulle war inzwischen nach Wittenberg geschickt worden. Daraufhin handelte Melanchthon und lud durch einen Anschlag an der

Stadtkirche alle ein, die der evangelischen Wahrheit anhingen. Er empfand es als eine ungeheute Frechheit und Gemeinheit, dass der Feind des Evangeliums angefangen hatte, die frommen Bücher Martin Luthers zu verbrennen, und ordnete an, dass Agricola den Scheiterhaufen mit päpstlichen Schriften anzünden sollte. Mehrere Bände des kanonischen Rechtes, ein Beichtbuch und noch andere Bücher wurden daraufhin den Flammen übergeben. „Betend und zitternd", so hieß es, trat Martin Luther an den Scheiterhaufen heran und warf die Bannandrohungsbulle in die Flamme. Dabei sprach er die letzten Worte aus Psalm 21,10: „Feuer wird sie fressen!" Er fügte noch hinzu: „Weil du die Wahrheit Gottes verderbt hast, verderbe dich heute der Herr. Hinein damit ins Feuer!"

Dieser Vorgang der Verbrennung an der Heilig-Kreuz-Kirche dauerte nur eine kurze Zeit. Danach ging Luther mit den Professoren wieder in die Stadt zurück. Der erste Feuerbrand war erfolgt. Später führten Studenten noch weitere Verbrennungsaktionen durch. Luther war darüber erfreut und sagte in einer Vorlesung: „Eigentlich hätte der päpstliche Stuhl brennen müssen." Er beschwor die Studenten, dass sie sich von der päpstlichen Lehre distanzieren sollten. Sie würden sonst ihr ewiges Leben aufs Spiel setzen, wenn sie den Irrtümern Roms nicht widersprächen. Luther fühlte sich allein Gott und seinem Gewissen verantwortlich und wollte lieber sein Leben riskieren, als schweigend dem zerstörerischen Treiben Roms zuzusehen.

Die Vorladung nach Worms

Am 2. April 1521 wurde Luther zum Reichstag nach Worms vorgeladen. Begleitet von einigen Getreuen, reiste er in einer Kutsche an. Er war sich dessen bewusst, dass sein Gang nach Worms in einem Martyrium enden könnte, und verglich seine Reise mit dem Einzug Jesu in Jerusalem kurz vor seiner Kreuzigung. Auf den 17. April wurde das Verfahren für das Verhör Luthers festgelegt.

Vor dem richtenden Gremium lagen die Bücher Luthers auf einer Bank aufgestapelt. Mit leiser Stimme anerkannte er sie als die seinen. Er wies ausdrücklich darauf hin, dass es in seinen Werken um den Glauben, das Seelenheil und das göttliche Wort gehe. Er wisse sich letztlich einem noch höheren Gericht verantwortlich, als es hier der Fall sei. Er bat zunächst um etwas Bedenkzeit. Sie wurde ihm gewährt, und er erfuhr durch seine treuen Begleiter Mut aus den Bibelworten, die ihm zu sicherem Auftreten helfen sollten.

Von Luther wurde in diesem Verfahren gefordert, er solle Buße tun und seine Irrtümer einsehen. Es gehe nicht an, dass er den Erdkreis mit seinen verderblichen Lehrmeinungen aufstachele und damit viele fromme Menschen verführe. Bei einem Widerruf würde sich der Kaiser für ihn verwenden, dass der Papst ihm verzeihen sollte. Würde er aber weiter hartnäckig auf seiner Meinung beharren, so müsse er damit rechnen, dass der Kaiser nicht auf seiner Seite stehe, sondern weiterhin die katholische Kirche und den Papst unterstützen würde. Er solle es sich gut überlegen, welche notvollen Konsequenzen und Strafen das Beharren auf seinem Standpunkt nach sich ziehen würde. Mit diesen Worten wollte man ihn kräftig einschüchtern. Daraufhin wurde Luther wieder in sein Quartier gebracht, und es wurde ihm Bedenkzeit gewährt.

Am nächsten Tag wurde die Verhandlung gegen sechs Uhr abends fortgesetzt. Der Saal war mit Fackeln hell erleuchtet und bot ein gespenstisches Bild. Die Menschen drängten sich in den Saal. Noch einmal wiederholte der Leiter des Reichstages die Frage, die schon am Tag vorher zur Debatte gestanden hatte. Mit kräftiger Stimme und unerschrockener Haltung sprach Luther laut und deutlich, so dass er von allen Anwesenden verstanden werden konnte. Er stellte klar heraus, das es in seinen Büchern nur um die Ehre Gottes und die Belehrung der Gläubigen gehe. Er ging intensiv auf den Inhalt ein und belegte, dass er ihn nicht widerrufen könne. Ihm gehe es allein um die Lehre Christi. Könne man ihm in dieser Hinsicht einen Irrtum nachsagen, dann würde er sofort widerrufen und mit eigener Hand die Bücher verbrennen. Gott sei in seinem Ratschluss wunderbar, aber auch schrecklich, und Christus sei nicht gekommen, den Frieden zu bringen, sondern das Schwert. „Gegen Gottes Wort darf man nicht angehen“, betonte er, „Gott muss man fürchten.“ Dann folgten seine berühmt gewordenen Schlussworte: „Wenn ich nicht durch Zeugnisse der Schrift oder einsichtige Vernunftgründe widerlegt werde – dann glaube ich weder dem Papst noch den Konzilien allein, da es feststeht, dass sie öfter geirrt und sich widersprochen haben –, bin ich durch die von mir angeführten Schriftworte bezwungen. Und solange mein Gewissen in Gottes Worten gefangen ist, kann und will ich nichts widerrufen, weil es unsicher ist und die Seligkeit bedroht, etwas gegen das Gewissen zu tun. Gott helfe mir. Amen.“

Für Luther war vor allen Dingen die Bibel die verbindliche Autorität. Aus der Gottesfurcht gewann er den Mut, seine Aussagen sogar eidlich zu bezeugen. In dieser Haltung zeigte sich seine Größe.

Nachdem die Verhandlung beendet war, wurde Luther wieder in sein Quartier gebracht. Dort reckte er die Arme hoch und rief mit entspannter und fröhlicher Miene: „Ich bin hindurch! Ich bin hindurch!“ Spalatin gegenüber betonte er: „Auch wenn ich tausend Köpfe hätte, wollte ich sie lieber abschlagen lassen als widerrufen.“ In den weiteren Verhandlungen wurde dann ein Kompromiss vorgeschlagen. Aber dazu erklärte sich Luther nicht bereit. Die gegnerische Seite warf ihm daraufhin Starrsinn vor.

Nach all den Gesprächen und Verhandlungen war Luther entschlossen, wieder abzureisen. Am 25. April 1521 kamen drei hohe Herren zu ihm und teilten ihm Folgendes mit: Weil er von seinem Vornehmen nicht ablasse und halsstarrig darauf bestehe, habe der Kaiser als Vogt der Kirche gegen ihn vorzugehen. Binnen 21 Tagen solle er sich wieder nach Hause begeben. Das Geleit solle ihm gehalten werden. Es wurde ihm jedoch untersagt, unterwegs zu predigen oder zu schreiben oder in anderer Weise das Volk aufzuwiegeln. Luther antwortete demütig: „Wie es dem Herrn gefällt, der Name des Herrn sei gelobt!“ Daraufhin reichte man ihm die Hand.

Die Gefangennahme

Am Vorabend seiner Abreise wurde Luther in einem kleinen Kreis darüber informiert, dass der Kurfürst für seine Sicherheit sorgen wolle. Seine Gegner könnten ihm dann nichts Übles antun. Aber der Kurfürst wollte sich auch nicht öffentlich den Anordnungen des Kaisers widersetzen, und so wurde ein geheimer

Plan ausgeheckt, um Luther erst einmal in Sicherheit zu bringen. Er selber war der Meinung, dass nach schwerem Leiden ein Ostertag kommen würde. Am 26. April 1521 brach Luther von Worms auf, nachdem er sich noch von seinen Freunden hatte verabschieden können. Der Kurfürst gab ihm sogar noch 40 Gulden Reisegeld auf den Weg mit.

Zuvor hatte Luther seinem Freund Lukas Cranach eine Botschaft zukommen lassen: „Ich lass mich verbergen und weiß selbst noch nicht wo." An den Kaiser schickte er ein Schreiben, in dem er noch einmal bekräftigte, dass nicht gegen das Evangelium gehandelt werden dürfe. „Über die Freiheit des Wortes Gottes dürfen Menschen nicht verfügen, wie bedeutend auch ihr Rang, ihre Zahl, Lehre und Heiligkeit sei." Wenn es um das Wort Gottes gehe, dürfe man nicht auf Menschen und Fürsten vertrauen; denn Gott erlaube nicht, dass sein Wort und die ewigen Güter den Menschen unterworfen würden. Sie habe Gott sich selbst vorbehalten. Wahre Gottesverehrung müsse dies respektieren. Wer das Heil in die Hände der Menschen lege, stieße Gott vom Thron. Luther betonte noch einmal, dass er seine Schriften nicht habe widerrufen können und jetzt unbesiegt vor Gott von Worms davonziehe. Er bat den Kaiser, darauf zu achten, dass ihm seine Feinde nichts antun und er nicht unterdrückt und verdammt würde. Er versicherte, dass er nie seinen eigenen Nutzen gesucht habe, sondern nur Gottes Ehre und das Heil.

Luther fuhr nun in einem Wagen über Frankfurt, Friedberg, Grünberg und dann weiter nach Hersfeld. Dort wurde er vom Abt des Klosters und vom Rat der Stadt freundschaftlich und in allen Ehren empfangen. Bevor er am 2. Mai weiterfuhr, musste er noch in aller Frühe eine Predigt halten, was ihm ja eigentlich verboten war. Dadurch brachte er sich selbst und den Abt in Gefahr. Doch Luther setzte sich über die Anordnung des Predigtverbotes hinweg und sagte: „Man muss Gott mehr gehorchen als den Menschen." Genauso handelte er am 3. Mai in Eisenach, wo er auch Gottes Wort verkündigte. Er entließ fast alle seine Begleiter und fuhr nur mit zwei treuen Gefolgsleuten weiter. In Möhra besuchte er einige Verwandte und machte sich wieder auf den Weg.

Bei der Burg Altenstein erfolgte dann in einem Hohlweg der „Überfall". Reiter zwangen mit vorgehaltener Armbrust den Kutscher dazu zu sagen, wer denn in seinem Wagen säße. Luther wurde sofort vom Fuhrwerk heruntergerissen, rettete aber gerade noch sein Neues Testament und seine hebräische Bibel. Unter Flüchen musste er seinen „Angreifern" folgen, bis er außer Sichtweite war. Dann wurde er auf ein Pferd gesetzt, und am späten Abend erreichte er die Wartburg. Auf diese Weise sollte er etwaigen Verfolgern entkommen. Der Überfall musste echt aussehen.

Luther war ja freies Geleit zurück nach Wittenberg zugesagt worden, und so vermutete die Öffentlichkeit einen Bruch des Versprechens. Man nahm sogar an, er sei bei diesem Überfall ums Leben gekommen. Albrecht Dürer, der Luther sehr verehrte, schrieb damals in sein Tagebuch: „O Gott, ist der Luther tot, wer wird uns hinfort das heilige Evangelium so klar vortragen! Ach Gott, was hätte er uns noch in zehn oder zwanzig Jahren schreiben mögen! O ihr alle frommen Christenmenschen, helft mir fleißig beweinen diesen gottgeistigen Menschen und Gott bitten, dass er uns einen anderen erleuchteten Mann sende!"

Aber Luther lebte. Er war für die nächsten zehn Monate in Schutzhaft genommen worden. Es folgte für die Reformation eine überaus produktive Zeit auf der Wartburg. Vor allem machte Luther sich an die Arbeit und übersetzte das Neue Testament, später dann auch das Alte Testament. Es war Luthers größte Tat, dass er uns die Bibel in deutscher Sprache in die Hände gelegt hat.

Was nun folgte, war vorauszusehen. Über Martin Luther wurde in Worms die Reichsacht ausgesprochen. Das *Wormser Edikt* berief sich auf die Pflicht des Kaisers, die Kirche und sein Volk vor Ketzerei zu schützen. Luther hatte sich geweigert, seine Schriften zu widerrufen. Er ließ sich nicht zur Umkehr bewegen und galt als unbelehrbarer Ketzer. Deshalb musste die Androhung der Bannbulle vollstreckt werden. Niemand durfte Luther mit Essen und Trinken versorgen oder ihm Unterkunft gewähren. Vielmehr sollte man ihn gefangen nehmen und an den Kaiser ausliefern. Auch seine Anhänger wurden mit dem Bann belegt, und sein Vermögen durfte vom Staat eingezogen werden, bis sich der Ketzer und seine Förderer vom verkehrten Weg wieder abwendeten. Außerdem wurde die Lektüre von Luthers Schriften verboten. Luther aber bestritt, dass der Kaiser über die Kirche eine Schutzfunktion habe. Er berief sich auf einen viel höheren Schutz, nämlich auf Christus selbst. Und in seiner Obhut fühlte er sich geborgen.

Als Bleibe wurde ihm auf der Wartburg ein Zimmer mit einer Schlafkammer zugewiesen. Fortan führte er dort sein Leben als „Junker Jörg". Um sein Aussehen zu verändern, ließ er sich einen Bart und die Haare über der Tonsur wachsen. Mit diesem Aussehen hätte ihn keiner als den gelehrten Martin Luther erkannt. Es war für ihn nicht leicht, auf der Burg auszuharren, da die Reformation gerade erst in Gang gekommen war.

Auch wenn Luther dem Bann zunächst entflohen war, so stellte sich für ihn der erzwungene Aufenthalt auf der Wartburg als große Belastung dar. Er fühlte sich furchtbar einsam im „Reich der Vögel", wie er seinen Aufenthaltsort nannte. Sein Leben war von einem Tag auf den anderen umgestellt worden. Er vertrug das Essen nicht und litt unter Bewegungsmangel. Eine Darmträgheit bereitete ihm große Unannehmlichkeiten und raubte ihm sogar den Schlaf. „Mein Arsch ist bös worden", schrieb er in einem seiner ersten Briefe. Bis in den Oktober hinein litt er unter diesen Darmbeschwerden.

Luther arbeitete sehr hart, und doch fühlte er sich oft von Langeweile und Minderwertigkeitsgefühlen geplagt. Man hatte ihn mitten aus vielen Aktivitäten herausgerissen, und er kam sich vor wie eine Kohle, die aus dem Feuer gefallen war. Manchmal meinte er, er müsse in der Einsamkeit in seinen Sünden ertrinken, und fühlte sich dem Teufel und seinen bösen Dämonen ausgeliefert, die ihm ständig zu schaffen machten. Sein Glaube und sein Geist waren stark angefochten, und er konnte nur wenig beten. Er meinte auch, in den lauten, klappernden und rumpelnden Geräuschen Geister zu vernehmen. Dabei handelte es sich nur um Geräusche auf der Burg, die für ihn bisher ungewohnt waren.

Aber mit der Zeit gewöhnte Luther sich ein und rechnete wohl auch mit einer baldigen Beendigung seiner Schutzhaft. Aber nie kam er sich auf der Wartburg als Verlierer oder Versager vor. Gewiss, es fiel ihm schwer, dass er nicht mehr predigen durfte, und doch fiel in diese Zeit seine bedeutendste Leistung: die Übersetzung des Neuen Testamentes. Hier wurde ein Anfang gesetzt. Zeit seines Lebens arbeitete er an der Bibelübersetzung weiter. Sein Anliegen war es, dass jeder Christ eine eigene Bibel in Händen halten sollte. Er betonte, „dass wir das bloße, lautere Gotteswort selbst fassen, schmecken und dabei bleiben; denn da wohnt Gott allein in Zion. Darum hinein, liebe Christen!" Täglich sollen wir die Bibel lesen, denn sie allein gebe Trost und Geduld.

Luthers Eifer beim Übersetzen war kaum zu bremsen. Bis heute ist die Lutherbibel ein kostbares Geschenk in unseren Händen. Durch sie lernen wir, Gott und seinen Sohn Jesus Christus zu erkennen. Der Heilige Geist will uns in alle Wahrheit leiten. Die Bibel ehrt Gott und zeigt uns den Weg in die innigste Gemeinschaft mit dem himmlischen Herrn, die es überhaupt gibt. Unser Dank gilt Gott, der einen Mann wie Martin Luther begabt und befähigt hat, damit wir das köstliche Gut im Herzen behalten.

Auf der Wartburg

In einem Brief an Melanchthon schreibt Luther am 8. Mai 1521 von der Wartburg: „Mit Mühe habe ich erreicht, diesen Brief zu schicken. So sehr fürchtet man, es könne auf irgendeinem Wege bekannt werden, wo ich bin. Deshalb sorgt auch ihr dafür, falls ihr glaubt, dass dies zur Ehre Gottes geschieht, dass zweifelhaft bleibt, ob Freunde oder Feinde mich verwahren, und schweigt! Es ist auch nicht nötig, dass außer dir und Amsdorf jemand weiß, wo ich bin, nur: dass ich noch lebe.

Wer kann wissen, was Gott mit diesem Rat des Schweigens bei diesen Übermütigen bewirken will (Jesaja 5,14f)? Priester und Mönche, die sich wie wild gebärdeten, als ich frei war, sind jetzt, wo ich in Gefangenschaft bin, in solcher Angst, dass sie anfangen abzumildern, was sie gegen mich ausgespien haben. Sie können die Wucht des drohenden Volkes nicht ertragen und wissen nicht, durch welche Kunst sie ihr entgehen sollen. Siehe an die Hand des Mächtigen in Jakob (1. Buch des Moses 49,24), was er tut, während wir schweigen, leiden und beten. Ist nicht wahr jenes Wort des Moses: ‚Der Herr wird für euch streiten, und ihr werdet stille sein' (2. Buch des Moses 14,14)? Ein römischer Prälat hat an den Kardinal in Mainz geschrieben: ‚Den Luther sind wir los, wie wir wollten, aber das Volk ist so erregt, dass ich vermute, wir werden kaum unser Leben retten, wenn wir ihn nicht mit brennenden Lampen suchen und zurückrufen.' Er hat einen Scherz machen wollen, aber was geschieht, wenn aus diesem Scherz Ernst wird?"

Plötzlich war Luther aus den ungeheuren Belastungen der letzten Jahre herausgerissen, und es schien zunächst so, als sei er jetzt zur Untätigkeit verurteilt. Seine Sorgen und Nöte bedrängten ihn. Er geriet in schreckliche Zweifel hinein, ob denn sein Tun gerechtfertigt sei. So fragte er sich: „Bist du allein weise? Sind so viele Jahrhunderte in die Irre gegangen? Wie, wenn du im Irrtum wärest und du so viele andere mit dir in die ewige Verdammnis nähmest?" Manchmal quälten ihn heftige Vorwürfe, und er sagte sich: „Ich hätte in Worms noch mehr kämpfen und härter durchgreifen und nicht auf den Rat der Freunde hören sollen."

Er erhielt zwei Edelknaben, die ihn betreuten, und einen Knecht, der auf ihn aufpasste. Es wurde ihm erlaubt, die Umgebung zu erkunden, und auch auf die Jagd nahm man ihn mit, damit er Abwechslung in seinem sonst so öden Dasein haben sollte. Aber die Jagd behagte ihm gar nicht, und er litt mit den armen Tieren, die getötet wurden. Die Jagd wurde ihm zum Gleichnis, wie der Teufel durch die Bischöfe und Theologen seine Hunde auf die wehrlosen Tiere, die armen Seelen, hetzt. Es wird berichtet, wie Luther ein kleines Häslein gerettet und es in den Ärmel seines Mantels gewickelt hatte. Aber die Hunde kamen, spürten es auf und bissen es durch den Ärmel tot. Genauso würde der Teufel und der Papst die Seelen verderben, die schon gerettet schienen.

Für seinen Beschützer war es oft nicht einfach, auf Luther aufzupassen. Er unterhielt sich gerne mit Mönchen und Priestern, denen er gelegentlich begegnete, und verwickelte sie in theologische Gespräche und kirchliche Fragen über die Luthersache, wie er vorgab. Der Beschützer hatte seine liebe Not, ihn von seinen Gesprächspartnern zu trennen.

Auch seelische Beschwerden traten auf. Als einem Menschen, der aus der mittelalterlichen Frömmigkeit kam, waren Luther Spukerscheinungen bekannt. Ging er abends schlafen, dann vernahm er ein sonderbares Gerumpel in dem Kasten, in dem er Haselnüsse aufbewahrte. Das Gepolter steigerte sich und hörte sich so an, als würden große Fässer die Treppe hinuntergestoßen. Auch von einem ungeheuer großen, schwarzen Hund fühlte er sich bedroht. Diesen warf er zum Fenster hinaus. Wahrscheinlich unterlag er auch gewissen Sinnestäuschungen auf der Burg, die von heftigen Winden umbraust wurde. In der Burg selbst knarrten die Dielen und schweren Türen.

Am 4. Mai 1521 war Martin Luther in der Nacht auf der Wartburg angelangt. Auf seinem „Patmos“, wie er seine neue Bleibe in Anlehnung an den Aufenthaltsort von Johannes, dem Schreiber des biblischen Buches der Offenbarung, nannte, war er nicht isoliert, sondern pflegte regen Briefverkehr. Treue Boten übermittelten ihm die Post. Besonders mit Melanchthon fühlte sich Luther eng verbunden, der in großer Sorge um seinen Freund war. So musste Luther ihm viel Mut zusprechen. In diesem Zusammenhang hat Luther ihm auch geraten: „Pecca fortiter", was bedeutet: „Sündige tapfer". In einem Brief vom 1. August 1521 schreibt er an ihn: „Wenn du ein Prediger der Gnade bist, so verkündige keine fingierte, sondern die echte Gnade. Gott macht nur echte Sünder selig. Sei immerhin ein Sünder und sündige tapfer, aber glaube noch tapferer und freue dich in Christus, dem Sieger über die Sünde. Bete tapfer, auch wenn du ein ganz tapferer Sünder bist." Melanchthon dürfe nicht vergessen, dass „gesündigt werden muss, solange wir hier sind, und dass dieses Leben keine Herberge der Gerechtigkeit ist". Aber in diesen Sätzen darf man nie einen Aufruf zum Sündigen sehen. Das lag nicht in der Absicht von Martin Luther.

Auch mit Justus Jonas, einem Dozenten in Wittenberg, fühlte sich der Reformator eng vertraut. An Johann Agricola, auch einen lieben Freund, schreibt er, als dessen Frau vom ersten Kind entbunden wurde, in dem Zusatz eines Briefes: „Gib dem Neugeborenen den einen Gulden, den zweiten der jungen Mutter, damit sie Wein trinken und gut stillen kann. Denn wenn ich jetzt bei euch wäre, dann hätte ich als Gevatter so gehandelt."

Luther hatte einmal das Gefühl, dass er nicht arbeiten und nicht studieren könnte. Aber dieser Eindruck kam ihm infolge einer vorübergehenden Depression. Im Grunde forderte ihn diese Zeit zu

Höchstleistungen auf literarischem Gebiet heraus. In einer Schrift äußerte er sich sehr präzise zur Rechtfertigung. Ein Theologe mit Namen Latomus hatte die Verurteilung Luthers durch die Universität in Löwen näher begründet. Luther äußerte sich dazu und verteidigte vor allem die Erkenntnis, dass all unser Tun Sünde sei, auch unsere so genannten guten Werke, wenn sie nicht unter der Gnade stünden. Der Mensch sei schwach und bleibe auch nach der Taufe ein Sünder. Nur durch die Barmherzigkeit Gottes könne ein Mensch gerecht werden. Den Gläubigen werde ihre Sünde nicht zugerechnet. Sie seien gerecht und Sünder zugleich. Es gebe kein Verdienst. Durch die Gnade wende sich Gott dem Menschen zu und befreie ihn vom göttlichen Zorn. Es sei alles durch die Gnade vergeben, aber nicht alles geheilt.

Von der Höhe der Wartburg wirkte Martin Luther durch seine Schriften und Briefe und teilte seelsorgerliche Ratschläge aus. Es lag ihm aber auch daran, mit seinen theologischen Gegnern in der Auseinandersetzung zu bleiben. Doch eine seiner größten Leistungen während seiner Zeit auf der Wartburg bestand darin, die deutsche Kirchenpostille herauszugeben. Das waren Musterbeispiele von Predigten für die vier Adventssonntage und Anleitungen, die den Priestern in ihrer Verkündigung helfen sollten. Luther, der sonst normalerweise kein wörtliches Manuskript für seine eigenen Predigten benutzte, entwarf die Predigten in der Postille sorgfältig und arbeitete sie aus. Nicht nur in ihrem theologischen Gehalt, sondern auch sprachlich gehören sie zu den Höchstleistungen deutscher Predigtliteratur. Später folgten noch eine Weihnachtspostille und Predigten für die Zeit von Epiphanias bis Ostern. Damit wollte Luther die Gläubigen in das Evangelium einführen und den Priestern helfen, das klare biblische Wort zu verkündigen und keine Heiligenlegenden und Moralpredigten. Er selbst sagt dazu: „Gemessen am göttlichen Wort ist alles menschliche Reden nur Geschwätz." Später gelangten dann die Postillen als Erbauungsbücher in die Hände der Laien. Luther schreibt: „Das Evangelium ist eine Rede von Christo, dass er Gottes Sohn sei und Mensch für uns worden, gestorben und auferstanden, ein Herr über alle Dinge gesetzt." Aus Christus dürfe man keinen Moses, keinen Gesetzesprediger machen. Das Evangelium sei ein Geschenk für die Menschen. Das Angebot und die Verheißung ging allem anderen voraus. Die Predigt des Evangeliums bewirke, dass Christus zu uns komme und uns umgestalte. Erst dadurch würden wir Zugang zur ganzen Bibel gewinnen. Auch ist Luther der Meinung, dass die ganze Gemeinde ein Recht habe, über die Predigt zu urteilen, und dass grundsätzlich auch Laien predigen könnten. Alles in Kirche und Gemeinde müsse sich am biblischen Wort messen lassen.

Die Bibelübersetzung

In gewisser Weise war die Postille eine Vorarbeit für Luthers viel größeres Werk, nämlich die Übersetzung des Neuen Testaments ins Deutsche. „Meinen Deutschen bin ich geboren, ihnen will ich auch dienen", schreibt er in lateinischer Schrift über seine literarische Arbeit. Er selbst hatte alles seiner Bibel zu verdanken und wollte diese Erfahrung auch an andere weitergeben. Vor allen Dingen sollten Laien Kraft daraus schöpfen und so das Priestertum aller Gläubigen verwirklichen. Es ist verständlich, dass Luther sich nicht zunächst an die ganze Bibel heranwagte, sondern nur das Neue Testament übersetzte. Mit großem Elan machte er sich an die Arbeit und hatte in nur elf Wochen sein Werk vollendet. Das ist eine schier unbegreifliche Leistung. Er übersetzte das Neue Testament aus dem griechischen Urtext heraus und verfasste es in einem Deutsch, das die Menschen gut verstehen konnten. Wer das Neue Testament in die Hand nahm, musste neidlos anerkennen, dass hier ein Mann am Werk war, der ein Sprachgenie war und dem biblischen Wort Kraft und Schönheit verlieh. Noch Goethe stand bewundernd vor der Sprachgewalt Luthers, und selbst Nietzsche, der ja ein Meister des Wortes war, bestaunte sein Können.

Im September 1522 konnte das Neue Testament erscheinen und wurde auch deshalb „Septembertestament" genannt. Luthers Name war nicht auf dem Titel vermerkt. Für keines seiner Bücher hat er übrigens je ein Honorar verlangt. Bemerkenswert sind die Vorreden zum Neuen Testament. So schreibt er: „Das Evangelium ist eine gute Mär und Geschrei in aller Welt erschollen durch die Apostel." Zum Römerbrief merkt er an: „Der Glaube ist ein göttlich Werk in uns, das uns wandelt und neu gebiert aus Gott. O, es ist ein lebendig, geschäftig, tätig, mächtig Ding um den Glauben, dass unmöglich ist, dass er nicht ohne Unterlass sollte Gutes wirken." Das Johannesevangelium berührte ihn im Innersten, und er nennt es „das rechte, zarte Hauptevangelium". Mit dem Jakobusbrief konnte Luther nicht so sehr viel anfangen. Er bezeichnet ihn als „recht stroherne Epistel, denn sie doch keine evangelische Art an sich hat". Diese Aussage hängt sicher mit seinem Verständnis von der Werkgerechtigkeit zusammen. Für Luther war dies der rechte Prüfstein, ob sie „Christum treibt". Aus diesem Grunde wollte er den Jakobusbrief in seiner Bibel nicht unter den Hauptbüchern haben, musste aber einräumen, dass viele gute Sprüche darin enthalten waren.

In die Offenbarung des Johannes konnte sich Luthers „Geist nicht schicken", weil sie mit zu vielen Bildern und Visionen arbeite und Christus dadurch nicht im Zentrum stünde. Später änderte er seine Meinung darüber. Seine Arbeit an der Bibel setzte Luther ständig fort, und ihm stand ein ganzer Stab von hervorragend geschulten Helfern zur Seite. Im Jahr 1534 war die ganze Bibel ins Deutsche übersetzt. Luther selbst äußert sich zu seiner Bibelübersetzung im „Sendbrief vom Dolmetschen" folgendermaßen: Beim Übersetzen dürfe man nicht die Buchstaben in der lateinischen Sprache fragen, sondern „man muss die Mutter im Hause, die Kinder auf der Gasse, den gemeinen Mann auf dem Markt fragen und denselbigen auf das Maul sehen, wie sie reden, und danach verdolmetschen; so verstehen sie dann und merken, dass man deutsch mit ihnen redet."

Zwei Beispiele dazu: In Matthäus 12,34 steht wörtlich im griechischen Text: „Aus dem Überfluss des Herzens redet der Mund." Luther übersetzt: „Wes das Herz voll ist, des geht der Mund über." In Römer 10,10 heißt es wörtlich: „Denn mit dem Herzen wird geglaubt zur Gerechtigkeit, mit dem Munde aber wird bekannt zur Seligkeit." Luther verdolmetscht hier: „Denn wenn man von Herzen glaubt, wird man gerecht; und wenn man mit dem Munde bekennt, wird man selig." Hier ersetzte Luther in seiner Weise des Übersetzens den so genannten nominalen Stil, der vor allem mit Hauptwörtern arbeitet, durch den verbalen Stil, der sich der Tätigkeitswörter bedient. Damit verlieh er dem Ausdruck durch das Mittel der Sprache eine besondere Lebendigkeit.

Das Alte Testament forderte Martin Luther stark heraus. So bekennt er: „Uns ist wohl oft begegnet, dass wir 14 Tage, drei, vier Wochen haben ein einziges Wort gesucht." Das Buch Hiob machte ihm und seinen Helfern besonders viel Mühe, und er sagt dazu: „Im Hiob konnten wir vier Tage zuweilen kaum drei Zeilen fertig bringen." Doch am Schluss kann er sich dankbar äußern: „Lieber, nun es verdeutscht und bereit ist, kann ein jeder lesen und meistern, wird aber nicht gewahr, welche Wacken und Klötze da gelegen sind, da er jetzt hingeht wie über ein gehobelt Brett. Es ist gut pflügen, wenn der Acker gereinigt ist. Aber den Wald und die Stöcke ausroden und den Acker zurichten, da will niemand dran." Um Näheres über die zwölf Perlen des neuen Jerusalems zu erkunden, ging Luther zu einem Juwelier und ließ sich die Besonderheit der Perlen erläutern. Bei der Übersetzung der alttestamentlichen Opfergesetze suchte er zuvor einen Fleischer auf. So schreibt er: „Dolmetschen ist nicht eines jeglichen Kunst. Es gehört dazu ein recht, fromm, treu, fleißig, furchtsam, christlich, gelehrt, erfahren, geübt Herz." Luther hat dabei nicht nur „den Leuten aufs Maul", sondern auch „allen Heiligen ins Herz" gesehen. Er war ein hervorragender Meister der Sprache. Sein musikalisch geschultes Ohr erfasste den Satzrhythmus, und er drang tief in das Verständnis der Heiligen Schrift ein. Er lebte in ihr und bekannte: „Die Bibel ist wie ein sehr großer Wald. Aber es ist kein Baum in diesem Wald, an dem ich nicht geklopft und ein paar Äpfel oder Birnen davor gebrochen und abgeschüttelt hätte." Luther klebte nicht am Buchstaben, sondern ließ seinem Geist weiten

Raum. So leuchtet die göttliche Macht der Bibel herrlich auf und dringt in unser Leben tief hinein. Für seine Leistung können wir Martin Luther nicht genug dankbar sein.

Die Unruhen in Wittenberg

Der große Reformator saß auf der Wartburg fest, und es schien, als könne er sein angefangenes Werk nicht zum Ziel führen. Bisher hatte er den Kampf mit dem Wort geführt, und in der Kirche hatte sich noch nichts Entscheidendes verändert. Nun fühlten sich andere berufen, Luthers Werk weiterzuführen. Den Worten sollten Taten folgen. Dieser Gedanke war dringlich und leuchtete ein. Aber es bestand die Gefahr, dass die geistliche Erneuerung, die Luther anstrebte, zu einer Revolution ausarten könnte.

Drei Dinge waren davon betroffen: der Zölibat, der Messgottesdienst, das ist der Gottesdienst mit Abendmahl, und die Bilderverehrung. In seiner Schrift „An den christlichen Adel ...“ hatte Martin Luther den Zölibat zwar für Priester verworfen, aber die Mönche davon ausgenommen. Nun aber wollten auch die Mönche das Gelübde des Zölibats nicht mehr einhalten. Einige hatten schon geheiratet, darunter auch Luthers Freund Justus Jonas. Andere folgten ihrem Beispiel. Auch Melanchthon neigte dazu, den Mönchen die Heirat zu erlauben, wenn der Zölibat zu beschwerlich für sie durchzuhalten sei. Luther war da anderer Meinung, denn mit dieser Haltung könnte man ja jedes Gebot Gottes außer Kraft setzen. Er wollte aber weiter darüber nachdenken. Daraufhin verfasste er im September 1521 die ersten Thesen zum Zölibat. Er war der Meinung, dass ein Mönch falsch handele, wenn er der Meinung sei, durch sein Gelübde der Ehelosigkeit selig zu werden. Es folgte bald darauf noch eine zweite Thesenreihe. Da immer mehr Mönche aus den Klöstern austraten, verfasste Luther zur Klärung der Gewissen eine umfangreichere Schrift in lateinischer Sprache „De votis monasticis" (über die Mönchsgelübde). Er betonte darin noch einmal, dass ein Gelübde verwerflich zu nennen sei, wenn es als ein Mittel angesehen würde, die Seligkeit damit zu erlangen.

Die Austritte der Mönche aus den Klöstern führten zu tumultartigen Szenen in der Kirche. Diese verurteilte Luther und sagte, es solle niemand zum Bleiben, aber auch niemand zum Austritt gezwungen werden. Jeder müsse darüber selbständig entscheiden. Luther selbst wollte die Lebensweise als Mönch beibehalten. Ein Konvent der Augustiner in Wittenberg beschloss dann: Wer bei der mönchischen Lebensweise verbleiben wollte und sich an das Evangelium hielt, konnte dies tun. Der Austritt sollte jedem freistehen. In den Klöstern sollten sie die Heilige Schrift lehren und Arbeit leisten; das Betteln sollte abgestellt werden.

Auch die Reform des Abendmahls und der Messe wurde vor allen Dingen von den Augustinern gefordert und vorangetrieben. Luther wollte, dass auch die Laien den Kelch trinken dürften, die Vorstellung vom „Messopfer" verwarf er. Auch darüber gab es Auseinandersetzungen. Luther hielt den Laienkelch nicht für heilsnotwendig; Karlstadt aber bestand darauf, dass der Gläubige sich versündige, wenn er beim Abendmahl auf den Kelch verzichte und nur die Hostie in Empfang nehme. Luther zeigte in allen Dingen, die nicht das Heil betrafen, eine große Freiheit. Er strebte Reformen an, aber er wollte dabei Zank und Streit vermeiden.

Auf die Wartburg drangen inzwischen alarmierende Nachrichten, die Luther sehr beunruhigten. So entschloss er sich, heimlich nach Wittenberg zu reisen. Dort hatte man Priester verjagt, die die Messe traditionell lesen wollten. Das Barfüßer-Kloster wurde zur Zielscheibe heftiger Bedrohungen und Angriffe. Sogar Fenster wurden in den Wohnungen der Domherren eingeschlagen. Als Junker Jörg reiste Luther am 2. Dezember 1521 von der Wartburg ab. Bei Melanchthon nahm er für drei Tage Zuflucht. Dort begegnete er auch Lukas Cranach, der von ihm ein Bildnis in Ritterkleidung malte. Luther musste erfahren, dass Spalatin seine letzten drei Schriften, die von der Messe, vom dem Gelübde und gegen Albrecht von Mainz handelten, zurückgehalten hatte. Darüber war er recht erbost und beschwerte sich bei Spalatin in einem Brief. Damit hatte er Erfolg und erreichte die Freigabe seiner Schriften. Er drängte darauf, dass nicht nur diskutiert, sondern auch gehandelt werden müsse. Aber er warnte davor, einen Aufruhr anzuzetteln. Wie leicht konnte es dabei zu Blutvergießen kommen. Luther betonte auch, dass die Reformen, die er bisher erreicht hatte, nicht sein Verdienst seien. Dazu schreibt er: „Zum Ersten bitte ich, man wolle meines Namens schweigen und sich nicht lutherisch, sondern Christen heißen. Was ist Luther? Ist doch die Lehre nicht mein, so bin ich auch für niemand gekreuzigt. Wie käme ich armer, stinkender Madensack dazu, dass man die Kinder Christi mit meinem heillosen Namen nenne?“

Luther wollte Reformen, aber in geordneten, rechtmäßigen Bahnen. Karlstadt, der sich während des Aufenthalts Martin Luthers auf der Wartburg selbst zum Führer der reformatorischen Bewegung ernannt hatte, war darin anderer Meinung. Er wollte hart durchgreifen und die Reformen vorantreiben. Er teilte selbst das Abendmahl in „beiderlei Gestalt“, also Brot und Wein an zweitausend Gläubige aus, verzichtete aber auf sein Ornat und die vorangehende Beichte. Damit löste er zur damaligen Zeit Unmut und Unsicherheit bei den Gläubigen aus. Es entstand große Unruhe, und diese wurde noch von Thomas Müntzer und anderen Männern aus Zwickau geschürt, die vorgaben, persönliche Offenbarungen von Gott empfangen zu haben.

So begann das Jahr 1522 mit Unruhen und Kirchenschändungen. Im Augustinerkloster wurden die Bilder von den Wänden gerissen und das geweihte Krankenöl verbrannt. Sämtliche Nebenaltäre wurden aus der Kirche geworfen. Dies schaffte ein großes Ärgernis. Der Rat der Stadt stellte Ordnungen auf, die sich teilweise auf Luthers Forderungen einließen. Der Aufruhr wurde geächtet. Dagegen wollte man durch einen Erlass die Armut in der Stadt bekämpfen. Hilfsbedürftige sollten eine Unterstützung aus dem Säckel der Stadt erhalten. Die Bettelei wurde nicht länger geduldet. Die Dirnen trieb man aus den Mauern der Stadt. Der Gottesdienst sollte neu geordnet und die Bilder der Heiligen entfernt werden.

Trotz dieser Regelung kam es noch zu dem so genannten „Bildersturm“. Dieser war nicht im Sinne des Kurfürsten, und auch der Rat der Stadt verurteilte das aufrührerische Gebaren. Aber die Unruhen dauerten weiter an. Ein Großteil der Studenten verließ Wittenberg fluchtartig. Die schwärmerische Haltung der neuen Reformer wirkte bildungsfeindlich. Auch Karlsstadt, der ja eigentlich Luthers Anliegen voranbringen sollte, ließ sich von diesem Ungeist anstecken und lehnte die theologische Gelehrsamkeit ab. Einfache, ungeschulte Laien sollten die Heilige Schrift verkündigen und auslegen. Er ging so weit, dass er sogar seinen Doktortitel ablegte. Karlstadt begründete dies mit den Worten aus Matthäus 23,8: „Ihr sollt euch nicht Rabbi nennen lassen; denn einer ist euer Meister (Magister), Christus." Der Kurfürst war ratlos, als die Tumulte in Wittenberg immer weiter fortschritten. Schließlich schickte die Stadt einen Hilferuf an Luther, er solle von der Wartburg herunterkommen und sich der Sache annehmen.

So verließ Luther am 1. März 1522 die Wartburg. Er konnte nicht länger zu den Umtrieben schweigen und musste die Sache selbst in die Hand nehmen. Dass er sich dabei in Gefahr begab, war ihm bewusst. Der Kurfürst war natürlich darüber sehr entsetzt, als er davon erfuhr. Er wusste nicht, wie er Luther noch schützen sollte. Luther antwortete ihm in einem denkwürdigen Brief. Darin stehen unter anderem folgende Sätze: „Solches sei E.K.F.G. (Eurer Kurfürstlichen Gnaden) geschrieben in der Meinung, dass E.K.F.G. wisse, ich komme gen Wittenberg in einem gar viel höheren Schutz denn des Kurfürsten. Ich hab's auch nicht im Sinn, von E.K.F.G. Schutz zu begehren. Ja, ich meine, ich wolle E.K.F.G. mehr schützen, als sie mich schützen könnte. Dazu wollte ich nicht kommen, wenn ich wüsste, dass E.K.F.G. mich schützen könnte und wollte. Dieser Sache soll noch kann kein Schwert raten oder helfen; Gott muss hier allein schaffen ohne alles menschliche Sorgen und Zutun. Darum: wer am meisten glaubt, der wird hier am meisten schützen. Dieweil ich denn nun spüre, dass E.K.F.G. noch gar schwach ist im Glauben, kann ich E.K.F.G. nicht für den Mann ansehen, der mich schützen oder retten könnte."

Er schließt den Brief mit den Worten: „Wenn

E.K.F.G. glaubte, so würde sie Gottes Herrlichkeit sehen. Weil sie aber noch nicht glaubt, hat sie auch noch nichts gesehen. Gott sei Lieb und Lob in Ewigkeit, Amen!"

Am 6. März 1522 betrat Luther heimatlichen Boden und ritt in Wittenberg ein.

Die Reform setzt sich durch

Martin Luther hielt an seinem Plan fest, die Kirche von allem Abträglichen und von jahrhundertealten, versteinerten Traditionen und Irrlehren zu befreien und neue Werte einzubringen, die der Heiligen Schrift entsprachen. Auch die Stadt Wittenberg war daran interessiert und unterstützte Luther in seinem Bemühen. Als er am 6. März dort einzog, stellte sie ihm ein Tuch für eine neue Mönchskutte zur Verfügung. Nun war er nicht mehr Junker Jörg, sondern der Mönch Martinus Luther. Er wollte, dass seine Reformbestrebungen nicht an Äußerlichkeiten hängen blieben, sondern ein neuer Geist sollte den Menschen die innere Freiheit bringen. Es ist erstaunlich, wie es ihm gelang, die aufgewühlte Gemeinde zur Ruhe und zur Besinnung zu bringen. Luther war kein Bilderstürmer wie Thomas Müntzer und die Zwickauer mit ihrer Gefolgschaft. Acht Tage lang predigte er von seiner Kanzel das Wort Gottes und durfte erleben, wie die Macht des Evangeliums die Herzen veränderte. Kommt das nicht auch in seinem Trutzlied „Ein feste Burg ist unser Gott" zum Ausdruck? Da seine Predigtreihe am Sonntag Invokavit begann und die Nachschriften der einzelnen Predigten gedruckt wurden, sind sie bis heute bekannt und berühmt geblieben unter der Bezeichnung „Invokavitpredigten".

Seine erste Predigt beginnt: „Wir sind allesamt zum Tod gefordert, und keiner wird für den anderen sterben, sondern ein jeglicher muss in eigener Person für sich mit dem Tod kämpfen. In die Ohren können wir's wohl schreien; aber ein jeglicher muss für sich selber bereit sein in der Zeit des Todes: Ich werde dann nicht bei dir sein, noch du bei mir. Hierbei muss jedermann selbst die Hauptstücke, die einen Christen angehen, gut wissen und darin gerüstet sein, und das sind die:

Zum Ersten, wie wir Kinder des Zorns sind und insbesondere all unsere Werke, Sinn und Gedanken nichts sind. Hierin müssen wir einen klaren starken Spruch haben, der solches bezeugt, wie es das Wort des Paulus Epheser 2,3 ist, das merket wohl (und obwohl ihrer viele sind in der Bibel, will ich euch aber nicht mit vielen Sprüchen überschütten): ‚Wir sind alle Kinder des Zorns.'

Zum Zweiten, dass uns Gott seinen eingeborenen Sohn gesandt hat, auf dass wir an ihn glauben. Und der auf ihn vertrauen wird, soll von Sünde frei sein und ein Kind Gottes. Wie Johannes 1,12 sagt: ‚Er hat ihnen die Macht gegeben, Gottes Kinder zu werden, die an seinen Namen glauben.' Allhier sollten wir alle in der Bibel wohl bewandert sein und mit vielen Sprüchen gerüstet, sie dem Teufel entgegenzuhalten."

In diesen Predigten nahm Luther kein Blatt vor den Mund, sondern brachte den Mut auf, seine Zuhörer kräftig zu tadeln. Sie wussten zwar viel über den Glauben, aber die Liebe hatten sie vernachlässigt. Die übereilten Reformbestrebungen stießen die Schwachen und Nachdenklichen wieder zurück ins Papsttum. Sie hatten die evangelische Freiheit nicht begriffen und fielen vom Evangelium wieder ins Gesetz zurück. Luther hielt nichts vom Übereifer derer, die Tumulte hervorbrachten. Denn lieblose Freiheit führt nur in neuen Zwang. Er fragte, warum die Bilderstürmer dieses Vorgehen zugelassen und nicht auf seinen Rat gehört hatten. Er sei doch für das Predigtamt verantwortlich. Zutiefst fühle er sich verletzt, und kein Feind habe ihm so stark zugesetzt wie die Wittenberger. Er war davon überzeugt, dass durch vollmächtiges Predigen die rechte Erkenntnis geweckt werden könne. So stellte er fest: „Summasummarum, predigen will ich's, sagen will ich's, schreiben will ich's. Aber zwingen, dringen mit Gewalt will ich niemand, denn der Glaube will willig, ungenötigt angenommen werden."

Er bat die Wittenberger, sich an ihm ein Beispiel zu nehmen: „Ich habe nichts getan, das Wort hat alles gehandelt und ausgerichtet." Luther wusste um die Gefahren, die die Reformation hätte auslösen können. Es hätte zum Blutvergießen kommen können. So fragte er: „Aber was wäre es? Ein Narrenspiel wäre es gewesen. Ich habe nichts gemacht, ich habe das Wort lassen handeln." Gewiss wäre es besser gewesen, wenn man in den Kirchen nicht die vielen Heiligenbilder gehabt hätte, die von der Person Jesu Christi ablenken. Aber man darf aus der Freiheit keinen Zwang machen.

Bilder und Fasten gehörten nach Luthers Ansicht zu den „freien Dingen". Sie schadeten nur da, wo sie zum Abgott in der christlichen Gemeinde gemacht und angebetet werden. Da sollte man sie zerreißen und abtun. Aber das sei Sache der Obrigkeit. Die Gläubigen dürften auch die Hostie selbst in die Hand nehmen und aus dem Kelch trinken. Das sei gewiss keine Sünde, und darüber lohne sich nicht zu streiten. Luther bedauerte aber, dass die Wittenberger auch die Beichte im Trubel der Geschehnisse abgeschafft hatten. Er selbst habe durch die Privatbeichte viel Glaubensmut, Stärke und Trost empfangen.

In seinen Invokavitpredigten wollte er die Gläubigen ermutigen, auf die Schwachen in der Gemeinde Acht zu haben und es nie an der Liebe mangeln zu lassen. In Bezug auf die freien Dinge sollten sie nie kleinlich reagieren, sondern der Freiheit weiten Raum geben. In dieser Haltung erwies sich Luther als behutsamer, guter Seelsorger. Ihm ging es allein um den Glauben, der aus der Heiligen Schrift kommt. Manche mögen ihn in diesem Bestreben für einen Phantasten und weltfremden Idealisten gehalten haben. Aber Luther kam doch in der Folgezeit mit seinen praktischen Reformen voran. So glättete er mit seinen Predigten auf der Kanzel zu Wittenberg die Wogen, und Melanchthon war froh, als er die Verantwortung für die Reformation wieder an Luther abtreten konnte. Nur Karlstadt hielt an seinen Vorbehalten gegenüber Luther fest. Er meinte, der Reformator sei auf halbem Wege stecken geblieben. Obwohl Luther versuchte, weiterhin ein gutes Verhältnis zu ihm aufrechtzuerhalten, wollte ihm dies nicht gelingen.

So erschienen die Priester weiter in ihren alten Gewändern. Der Gesang im Gottesdienst wurde in lateinischer Sprache vollzogen. Die Hostie wurde in den Mund gelegt, wie es immer schon üblich gewesen war. Wer es begehrte, durfte den Wein aus dem Kelch trinken. In der Stadtkirche wurden keine Privatmessen mehr gelesen.

Mit diesen Reformbestrebungen weiteten sich auch Luthers Grenzen. Er predigte in anderen Orten wie Altenburg, Zerbst, Eilenburg, Weimar, Torgau und Zwickau. Diese Reisen waren gefahrvoll, aber wenn er sein Werk voranbringen wollte, musste er über die Grenzen Wittenbergs hinausgehen. Auch wollte er nicht den vielen Anfragen, die von auswärts kamen, eine Absage erteilen. Seine Reformen bewährten sich und brachten den Menschen Freiheit. Die Heiligenfeste und auch das Fronleichnamsfest wurden nicht mehr gefeiert. Die Marienfeste erhielten einen neuen Inhalt und wurden in Christusfeste umgestaltet. An Stelle der Messe fanden Gottesdienste mit Predigt und Gebet statt. Luther forderte: „Es soll alles geschehen, dass das Wort im Schwange gehe und nicht wieder ein leeres Gesinge und Geschrei daraus werde, wie es bisher gewesen ist."

Ende 1523 wurde dann das Abendmahl in beiderlei Gestalt, in Brot und Wein, in der Pfarrkirche zu Wittenberg gereicht. In anderen Kirchen gab es aber noch Schwierigkeiten. Immer wieder versuchte Luther, durch Ermahnungen von der Kanzel herab dem Missbrauch des biblischen Wortes zu wehren und grundlegende Änderungen herbeizuführen. Am 24. Dezember 1524 wurde eine neue Gottesdienstordnung auch in der Schlosskirche eingeführt, und aus dem Stift entstand eine evangelische Lebensgemeinschaft. Gottesdienste fanden darin ihren geregelten Platz. Es war zum Staunen, dass die neue Gottesdienstordnung in fast allen Bereichen von der Gemeinde angenommen wurde. Mit viel Geduld und mit Rücksicht auf die Schwachen im Glauben war Luther dies gelungen, und eine geordnete Reform war in Gang gekommen.

Bauernkrieg und Thomas Müntzer

Schon vor Luthers Zeit hatte es Bauernunruhen gegeben. Sie entstanden vor allen Dingen dadurch, dass die Fürsten und adligen Gutsherren, die wegen der vermehrten Geldwirtschaft in finanzielle Schwierigkeiten geraten waren, Druck auf die Bauern ausübten. Sie erhöhten die Abgaben und zwangen zudem viele Bauern, ihre Höfe für wenig Geld zu verkaufen, um so zu Land und billigen Arbeitskräften zu kommen. Vor allem in Süddeutschland erhoben sich die Bauern und stellten ihre Forderungen. Luther hat erst spät genauere Kenntnis von diesen Ereignissen bekommen. Mitte April 1525 erfuhr er von der Programmschrift der Bauern, die zwei Monate zuvor unter dem Titel „Zwölf Artikel der Bauernschaft in Schwaben“ erschienen war. Er sah sich besonders deshalb zur Stellungnahme herausgefordert, weil sich die Bauern in ihren Forderungen auch auf die von Luther verkündigte Freiheit des Christenmenschen beriefen. Deshalb ging er in seiner Schrift „Ermahnung zum Frieden auf die zwölf Artikel der Bauernschaft in Schwaben“ auf diese Probleme ein. Er wollte jedoch nicht für eine Seite Partei ergreifen, sondern richtete sich mit seinen Ermahnungen sowohl an die Bauern als auch an die Fürsten. Sein entscheidendes Anliegen war, dass die Botschaft des Evangeliums nicht politisch verfälscht wurde.

So versuchte er zunächst die Notlage der Bauern zu verstehen und erkannte ihre schwierige wirtschaftliche Situation. Aus diesem Grunde redete er im ersten Teil seines Schreibens den Fürsten und Herren ins Gewissen. Er hielt ihnen ihre Schuld vor Augen, weil sie die Bauern ausbeuteten und schlecht behandelten, während sie selbst im Überfluss schwelgten. Er legte ihnen auch nahe, nicht die Meinung zu vertreten, dass die reformatorische Predigt von der Freiheit des Christen die eigentliche Ursache für die Bauernunruhen sei.

Im zweiten Teil wandte Luther sich an die Bauern und versuchte ihnen deutlich zu machen, dass sie nicht unter Berufung auf das Evangelium ihre Forderungen stellen sollten. Denn wer sich auf das göttliche Recht berufe, der müsse wissen, dass jeder, der sich auf Christus berufe, nicht die Durchsetzung des Rechtes verlangen könne, sondern vielmehr auf sein Recht verzichten und Unrecht erleiden müsse. Als weltliche Rechtsforderungen seien die Anliegen der Bauern allerdings berechtigt und müssten innerhalb der weltlichen Rechtsgemeinschaft auch geltend gemacht werden. Das machte er nun noch einmal an der Frage der Leibeigenschaft deutlich. Es ginge ihm nicht darum, für alle Zeiten an der Leibeigenschaft festzuhalten. Wenn aber die Bauern in ihrem dritten Artikel erklärten, dass die Leibeigenschaft deshalb erledigt sei, weil „uns Christus alle mit seinem kostbaren Blutvergießen erlöst und erkauft hat", dann stehe eine solche Begründung im völligen Widerspruch zum Evangelium. Denn hier werde das „geistliche Reich Christi" in ein „weltlich äußeres Reich" verkehrt. Luther verurteilte also den Versuch, weltliche Rechtsverhältnisse im Namen des Evangeliums aufzulösen.

Im dritten Teil wandte er sich an beide Seiten; denn er habe Angst, es könne einmal zu spät sein und Gott würde dann die „Tyrannen" ebenso strafen, wie er auch dem Aufruhr ein schlimmes Ende bereiten könne. Solches sollte man aus der Geschichte lernen.

Aber diese Schrift Luthers hatte keine durchschlagende Wirkung, und kurz darauf brach der offene Aufruhr der Bauern in Thüringen los. Luther antwortete mit der Schrift „Wider die räuberischen und mörderischen Rotten der Bauern". Darin hielt er ihnen eine dreifache Schuld vor.

1. Sie verletzten ihre Eidespflichten gegen die Obrigkeit, der sie Gehorsam schuldig seien.

2. Sie begingen Aufruhr in offenem Landsfriedensbruch mit Raub und Mord.

3. Sie machten sich der Gotteslästerung schuldig, weil sie behaupteten, im Namen des Evangeliums zu handeln.

Zugleich forderte er die Obrigkeit auf, gegen den offenen Aufruhr einzuschreiten. In seiner Ausdrucksweise ließ sich Luther zu sehr gefährlichen und missverständlichen Äußerungen hinreißen. Sein höchstes Anliegen war es, den Aufruhr zu vermeiden: einmal den politischen Aufruhr überhaupt, weil er meist unrechtmäßig sei und Schaden verursache; dann aber besonders einen Aufruhr im Namen des Evangeliums, weil dadurch die Sache der Reformation revolutionär verfälscht würde. Dies hat ihn so stark bewegt, dass er sich im Ton vergriff. Man muss sich fragen, ob er nicht die Fürsten und Herren, gegen die sich der Aufstand richtete, viel stärker vor allem Unrecht und gewaltsamen Reaktionen hätte warnen müssen. Sie hätten nicht so gnadenlos auf die Bauern einschlagen dürfen.

Eine Ursache für Luthers Eingreifen in die Bauernunruhen ist auch bei Thomas Müntzer zu suchen; denn seit 1524 war er einer der schärfsten Kontrahenten Luthers. Müntzer wurde um 1490 in Stollberg im Harz geboren. Er stammte aus dem besitzenden Bürgertum. In Leipzig und Frankfurt an der Oder studierte er Theologie und verschaffte sich ein ansehnliches Wissen. Danach war er zunächst als Lehrer und später als Seelsorger in mehreren Nonnenklöstern tätig. Nicht lange nach Beginn der Reformation hielt er sich in Wittenberg auf und stand damals noch in gutem Kontakt zu Luther und seinen Mitarbeitern. Auch bei der Leipziger Disputation ist er wohl zugegen gewesen.

Im Jahre 1519 machte Müntzer zum ersten Mal als Prediger in Jüterbog auf sich aufmerksam, wo er mit scharfen Worten am Papst, an den Bischöfen und an der katholischen Kirche des Mittelalters Kritik übte. Ein Jahr später kam er auf Empfehlung Luthers als Prediger nach Zwickau, wo die Bevölkerung sehr offen war für das Anliegen der Reformation. Müntzer sah es als seine Aufgabe an, die Sache der Reformation zu fördern. Von dort schrieb er nach Wittenberg: „Ich treibe nicht mein, sondern des Herrn Werk."

Doch bald spitzten sich die Verhältnisse in Wittenberg zu. Müntzer kam mit radikalen Gruppen, den so genannten „Zwickauer Propheten", in Verbindung. Für sie trat an die Stelle des Wortes Gottes in der Bibel die eigene innere Erleuchtung. Hinzu kam noch die soziale Not vieler Menschen, für die sich Müntzer in seinen Predigten einsetzte. Seine angeborene Leidenschaft entwickelte sich zu einer Art prophetischem Bewusstsein. Dadurch kam es zu Zusammenstößen mit dem Rat der Stadt, der Müntzer im April 1521 entließ. Weiteren Auseinandersetzungen entzog er sich durch die Flucht.

Er behauptete zwar, an den Unruhen nicht schuld zu sein, verstand er sich doch als ein Mensch, der in der Welt für die Wahrheit kämpft. Wie viele im späten Mittelalter glaubte er, die Zeit des Antichristen sei angebrochen. Deshalb könne die von ihm gepredigte Kreuzesnachfolge am besten durch die Bereitschaft zum Martyrium beglaubigt werden. Das alles lag auf der Linie seines gesteigerten Sendungsbewusstseins. So konnte er sich in einem Brief als „Knecht der Auserwählten Gottes“ bezeichnen.

Nach seinem Aufenthalt in Zwickau war er noch einige Male in Böhmen. Dort ist er vor allem bekannt geworden durch das „Prager Manifest“ vom Herbst 1521, mit dem er sich an die Bevölkerung wandte. Es ist eine Mischung von Feindschaft gegen die Geistlichen in der Kirche, von mystischen Gedanken und Endzeiterwartung. In ihm werden die Grundzüge seiner Theologie deutlich.

Müntzer meinte, dass der Abfall der Kirche bald nach der apostolischen Zeit begonnen habe. Jetzt sei das Endstadium der Kirche angebrochen. Die Geschichte ihres Abfalls treibe dem Höhepunkt zu, und die antichristliche Zeit stehe bevor. Nun komme das Gericht Gottes, das die Auserwählten und die Gottlosen scheidet. Er verstand sich selber als den von Gott berufenen Propheten. Alle Anfeindungen, die er erlebte, sah er als Bestätigung seiner Überzeugung; denn die wahren Propheten seien stets verfolgt worden. Das Wort Gottes werde entscheidend „in der Seele geboren“. Später entwickelte sich daraus die Vorstellung, dass die Bibel ganz überflüssig sei. Bekannt wurde sein abschätziges Sprichwort: „Bibel, Babel, Bubel“. Nach Daniel 7,27 gehe die Herrschaft Gottes auf die Gläubigen über. Voraussetzung aber sei dafür die gereinigte Gemeinde, aus der man die Gottlosen entfernt habe. Diese neue apostolische Kirche beginne jetzt in Prag. Wörtlich schreibt Müntzer: „Die Zeit der Ernte ist da! Darum hat mich Gott selber gemietet in seine Ernte. Ich habe meine Sichel scharf gemacht, denn meine Gedanken sind heftig auf die Wahrheit gerichtet, und meine Lippen, Haut, Hände, Haare, Leib, Leben vermaledeien die Ungläubigen.“

Die Wittenberger waren ihm nicht entschieden genug und seiner Meinung nach auch in den allgemeinen Abfall der Kirche hineingezogen.

Die Prager aber beurteilten die Lage anders als er, und er musste Böhmen verlassen, ohne sein Ziel erreicht zu haben. Danach hielt er sich in Nordhausen, Halle und Stollberg auf, wo er aber nur kleine Gruppen von Anhängern sammeln konnte.

Zwischen Frühjahr 1523 und August 1524 war Müntzer als Prediger in Allstedt tätig, wo er eine Gemeinde der Auserwählten zu bilden versuchte. Dort kam es aber zu Auseinandersetzungen mit der Obrigkeit, die den Besuch seiner Gottesdienste verbieten wollte. Bekannt ist aus dieser Zeit besonders seine „Fürstenpredigt", die er am 13. Juli 1524 im Allstedter Schloss vor Herzog Johann und anderen Fürsten hielt. Anhand von Daniel 2 wollte er deutlich machen, dass alle, die den wahrhaft Frommen ihren Glauben nicht gestatten wollten, gottlos seien und kein Recht hätten zu leben, wenn die Zeit des Gerichts gekommen sei. Wenn die Obrigkeit die Frommen nicht schützen würde, wolle er sich an die Laien und Bauern wenden.

Von Allstedt ging er nach Mühlhausen und von da nach Nürnberg. Hier gab er eine Schrift gegen Luther heraus mit dem Titel „Wider das geistlose, sanftlebende Fleisch zu Wittenberg", in der er Luther vorwarf, er predige nicht den Ernst des Gesetzes.

Die Situation spitzte sich zu, als Müntzer im Dezember 1524 wieder in Mühlhausen Fuß fassen konnte. Er gründete dort die Gemeinde der wahrhaft Gläubigen aus Stadtbewohnern und Bauern der umliegenden Orte und hoffte, durch den Aufstand des gläubigen Volkes eine Wende herbeiführen zu können. Dabei kamen ihm die Unruhen des Bauernkrieges sehr zur Hilfe, die inzwischen auch Hessen und Thüringen erreicht hatten. Er plante, das Land um Mühlhausen und ganz Hessen einzunehmen und dort eine Basis für eine gereinigte Gemeinde zu schaffen. Burgen und Schlösser seiner Gegner wurden niedergebrannt.

Die reformationsfreundlichen sächsischen Fürsten waren zunächst unschlüssig, was sie tun sollten. Aber Landgraf Philipp von Hessen, der sich gerade vorher der Reformation zugewandt hatte, und sein Schwiegervater Herzog Georg von Sachsen rückten nun gegen die Aufständischen vor. Müntzer war, wie einst Gideon zur Zeit des Alten Testamentes, auch mit 300 Mann zu dem Bauernheer gestoßen. Im Lager zu Frankenhausen kam es dann zu einem ersten Blutvergießen, als drei Untergebene des Grafen von Mansfeld mit Müntzers Einverständnis zum Tode verurteilt wurden. Am 15. Mai 1525 fand die entscheidenden Schlacht bei Frankenhausen statt. Dort besiegte das Heer der Fürsten das wesentlich schlechter ausgerüstete Heer der Bauern. Müntzer selbst geriet in Gefangenschaft. Zuvor hatten die Fürsten die Bauern aufgefordert, Müntzer und seinen Anhang auszuliefern und sich selbst zu ergeben. Müntzer hatte sie noch einmal zum Widerstand aufgerufen. Als dann aber die Bauern in die Flucht geschlagen wurden, richteten die Heere der Fürsten ein furchtbares Blutbad unter ihnen an. Müntzer versteckte sich zunächst, wurde dann aber ausfindig gemacht und vor die Fürsten gebracht. Am Tage danach verhörte man ihn, teilweise unter Anwendung der Folter. Am 27. Mai 1525 wurde er zusammen mit 25 andern Widerständlern hingerichtet. Vorher hatte er noch einen Abschiedsbrief nach Mühlhausen geschrieben, in dem er seine Anhänger aufforderte, die Waffen niederzulegen. Doch seine grundlegende Sicht hatte er nicht widerrufen. Die Niederlage führte er darauf zurück, dass seine Leute mehr den Eigennutz als die Sache Gottes bei der Schlacht gegen die Fürsten gesucht hätten. Menschliche Ziele und Menschenfurcht hätten eine völlige Unterwerfung und Gottes Willen verhindert. Deshalb müsse man in der Niederlage eine Strafe Gottes sehen.

Damit rückte Müntzer nicht einen Schritt von seiner revolutionären Theologie ab, sondern begründete sein Scheitern mit der menschlichen Unvollkommenheit und mangelnden Hingabe an Gottes Sache.

Wie reagierte Luther? Noch bevor er von Müntzers Hinrichtung erfuhr, verfasste er eine Flugschrift mit dem Titel „Eine schreckliche Geschichte und ein Gericht Gottes über Thomas Müntzer“. Darin schreibt er: „Nicht dass ich mich freue seines und der Seinen Unglück, denn was ist mir damit geholfen, der ich nicht weiß, was Gott über mich noch beschlossen hat, sondern dass ich gerne wollte warnen alle anderen Aufrührer und verhüten, dass sie nicht auch in gleiches Urteil Gottes fallen. ... Es ist nimmer Predigens, sondern Bittens Zeit, der Zorn ist angegangen, mit Bitten müssen wir wehren.“

Weiter wies er darauf hin, dass sich die Herren nicht überheben sollten, wenn ihnen der Sieg zufiele, sondern in der Furcht Gottes bleiben sollten. Denn er gäbe ihnen den Sieg nicht, weil sie so gerecht und fromm seien, sondern weil er das Unrecht der Bauern abwehren wollte. Den Gefangenen und denen, die sich ergeben, sollten sie gnädig sein. Andernfalls könne es geschehen, dass „das Wetter sich wende und Gott den Bauern wiederum den Sieg gebe“.

Die Pest in Wittenberg

Immer wieder wurde die Stadt von Pestepidemien heimgesucht. Fluchtartig verließen dann die Bewohner Wittenberg, und zurück blieben die Kranken, Elenden und Alten. Die Furcht, von dieser Seuche hinweggerafft zu werden, war groß. Als die ersten Bürger erkrankten, warnte Luther davor, nun in Panik zu geraten und aus der Stadt zu fliehen. Es sei nicht zu verantworten, die Kranken ihrem schrecklichen Schicksal allein zu überlassen. Die Menschen sollten die Pest als Züchtigung Gottes annehmen. Sicher stand Luther das Prophetenwort vor Augen, in dem es heißt: „Ist auch ein Unglück in der Stadt, das der Herr nicht tue?“ (Amos 3,6). Luther forderte die städtische Obrigkeit auf, für genügend Pflegepersonal im Spital zu sorgen. Lebensmittel und Holz, das die Fliehenden zurückgelassen hatten, sollten an die Armen ausgeteilt werden. Für Luther als treuen Hirten der Gemeinde kam eine Flucht nicht in Frage. Der Tod bereitete ihm keine Angst; aber er riet den Bürgern, sich nicht leichtfertig der Gefahr auszusetzen.

Einmal sollte ein Diakon isoliert werden. Seine Kollegen hatten Angst, er könnte von der Krankheit angesteckt sein und sie dann auf andere übertragen. Luther hielt aber eine solche Maßnahme für nicht gerechtfertigt. Die Erfahrung hatte nämlich gezeigt, dass die Seelsorger von der Seuche verschont geblieben waren. Wahrscheinlich lag es neben der Bewahrung durch Gott auch daran, dass sie sich an die Hygienevorschriften hielten.

Ein Jahr später hielt die Pest wieder Einzug in Wittenberg. Luther wollte in dieser Situation ein Zeichen setzen und nahm in seinem Haus vier Kinder eines Ehepaares auf, das von der Seuche hinweggerafft worden war. Ihm wurde nun der Vorwurf gemacht, er schleppe die Krankheit in die Stadt ein und sorge für ihre Ausbreitung. Er war aber fest davon überzeugt, dass es sich nur um eine zeitlich begrenzte Seuche handelte, und hatte darin Recht. Die Zahl der Erkrankten hielt sich in Grenzen. Viel schlimmer war die Not der unversorgt zurückgelassenen Angehörigen, um die sich niemand mehr kümmern wollte. Das sei die eigentliche Pest, prangerte er solch verantwortungsloses Handeln in seinen Predigten an.

Pädagogik bei Luther

Ein besonderes Augenmerk hatte Luther schon zu Beginn der Reformation auf Schule und Erziehung gelegt. Er wollte, dass auch Schulen für Mädchen eingerichtet würden. In diesen Einrichtungen sollte besonders die Heilige Schrift gelehrt werden; denn darin lag nach seiner Meinung die Zukunft für das Volk verankert. Deshalb sei dies die vornehmste Aufgabe des Bürgers. Zu jedem öffentlichen Leben gehörte auch die Schule. Luther erkannte Missstände und trat zusammen mit Melanchthon für die Behebung des Bildungsnotstandes ein. In seiner Schrift vom Jahre 1524 „An die Ratsherren aller Städte deutschen Landes, dass sie christliche Schulen aufrichten und halten sollen“ konnte er sagen: „Nun liegt einer Stadt Gedeihen nicht allein darin, dass man große Schätze sammelt, feste Mauern, schöne Häuser, viel Geschütze und Harnisch zustande bringe; ... sondern das ist einer Stadt bestes und allerreichstes Gedeihen, Heil und Kraft, dass sie viel feine, gelehrte, vernünftige, ehrbare, wohlerzogene Bürger hat, die könnten danach gute Schätze und alles Gut sammeln, halten und recht brauchen. Weil denn eine

Stadt solche Menschen haben muss und soll, und allenthalben größtes Gebrechen, Mangel und Klage ist, dass es an solchen Menschen fehle, so darf man nicht warten, bis sie von selbst wachsen. ... Denn wessen ist die Schuld, dass es jetzt in allen Städten an geschickten Menschen so dünn gesät aussieht, wenn nicht der Obrigkeit, die das junge Volk hat aufwachsen lassen, wie das Holz im Walde wächst, und nicht zugesehen, dass man's lehre und erziehe?"

Im Blick auf das Erlernen der Sprachen, in denen die Bibel ursprünglich geschrieben ist, nämlich des Hebräischen und Griechischen, schreibt Luther: „Die Sprachen sind die Scheiden, in denen das Messer des Geistes, nämlich das Evangelium, steckt." So waren nach seiner Meinung christliche Schulen für die Kirche und das ganze Volk von Nutzen, damit tüchtige Männer und Frauen, Fürsten, Ratsherren und Pfarrer darin ausgebildet werden konnten. Neben Sprachen und Geschichte sollten in der Schule auch Musik und Mathematik unterrichtet werden. Jedes Kind sollte zur Schule gehen, und Luther forderte die Einführung der Schulpflicht.

Der Ruf zur Buße

Luther erkannte, unter welcher Bedrohung die evangelischen Christen standen. Deshalb rief er 1538 zur Buße auf. Das erweckte Widerspruch, und diejenigen, die das neue Erwachen in der Gemeinde zerstören wollten, wehrten sich. Luther erklärte dazu: „Es wollen jetzt die Rotzherren – soll sagen Ratsherren – nicht leiden, dass man predige, wie sie saufen, rauben, stehlen, schlemmen und prassen." Aber Luther konnte zu Hurerei, Geiz, Wucher, Lug und Trug nicht schweigen. Er musste gegen die Missstände in Wittenberg ein klares Wort sagen. Zunächst richtete sich sein Ärger gegen die Bäcker, deren Brote bei gleichem Preis immer kleiner wurden. Sie hatten das ganze Handwerk in Verruf gebracht. Als 1539 die Elbe über ihre Ufer trat und das Land überschwemmte, sah Luther in dieser Flut eine gerechte Strafe, weil ein großer Teil der Bevölkerung so gottlos in den Tag hineinlebte und die Kirche verdarb. Undankbar und voller Geiz seien die Menschen geworden, und dagegen könne man nicht einmal mit Gebet ankommen.

Luther griff in einer Predigt über 1. Petrus 4,7-11 das Problem der Trunksucht auf. Der Abschnitt beginnt mit den Worten: „Es ist aber nahe gekommen das Ende aller Dinge. So seid nun mäßig und nüchtern zum Gebet. Vor allen Dingen aber habt untereinander beständige Liebe; denn die Liebe deckt auch der Sünden Menge." Trunksucht war sowohl in den schmutzigsten Hütten als auch in den prunkvollsten Palästen verbreitet. Schon Kinder wurden in dieses Laster hineingezogen. Luther sagte: „Also ist Deutschland ein Sauland und ein unflätig Volk, das sein Leib und Leben verdirbt." Er selbst schätzte ein Glas guten Weins und gönnte es auch den Menschen in seiner Stadt, aber er wandte sich gegen beständiges Besäufnis. Die Behörden müssten eingreifen und diese Not nicht nur den Pfarrern auf der Kanzel überlassen. Trunksucht sei mit einem christlichen Lebenswandel nicht vereinbar. Wer beten und den täglichen Gottesdienst besuchen wolle, müsse nüchtern sein. Darauf bestand Luther. Der Alkoholmissbrauch hatte so stark zugenommen, dass bei Kindstaufen, Hochzeiten und sogar an Weihnachten sehr viel getrunken wurde. Während des Gottesdienstes sollte der Besuch in einem Wirtshaus verboten werden.

Er wetterte auch gegen die Faulheit und Dieberei bei Knechten und Mägden. Sie vergäßen ihre Pflicht und gingen ihrer Arbeit nicht willig und sorgfältig nach. Wahrscheinlich gab es in der damaligen Zeit auch große soziale Spannungen, denen Martin Luther nachgehen und die er beseitigen wollte. Das Gesinde beklagte sich über die Herren und Herrinnen, und diese wiederum waren mit ihren Knechten und Mägden unzufrieden. Luther verstieg sich sogar zu dem Satz: „Beinahe alle Knechte sind Hausdiebe." Wer solche Sünden auf sich geladen habe, solle sogar vom Abendmahl ausgeschlossen werden und in Krankheitsnot keinen Trost erfahren. Aber die vielen Mahnungen in den Predigten ließen die Zuhörer taub werden. Der Ruf zur Buße wurde nicht ernst genommen, und vielfach war gar kein Unrechtsbewusstsein vorhanden. So klagte Luther: „Es will unser Handwerk schier aus sein, weil die Welt ist nun gar heilig worden, es gibt keine Sünder mehr." Das Evangelium sei aber gerade Sündern zugedacht.

Doch nicht nur durch die Predigten auf der Kanzel, sondern auch in der Beichte konnten die Geistlichen auf die Gemeindeglieder einwirken. Doch das Beichtgeheimnis musste gewahrt bleiben. Selbst vor Gericht konnte ein Pfarrer seine Zeugenaussage verweigern. Einmal wurde eine Mutter angeklagt, die Luther einen Kindesmord gebeichtet hatte. Er verwies bei der Verhandlung vor dem Richter auf seine Schweigepflicht.

Es gab auch eine Situation, in der sich Luther vehement weigerte, dass ein Ehebrecher aus Zeitz, der seine Sünde bekannt und auch Kirchenbuße geleistet hatte, noch einmal von der Obrigkeit belangt wurde. Aber in dieser Sache entschied der Kurfürst, dass die Aussöhnung mit der Kirche die weltliche

Verurteilung nicht aufhebe. Den Geistlichen war nur erlaubt, ein Gemeindeglied vom Abendmahl und vom Patenamt auszuschließen. Dies war die einzige Art, wie der Bann oder die Exkommunikation gehandhabt wurde. Einen Mann, der wegen Totschlags verurteilt worden war, ließ Luther erst wieder zum Abendmahl zu, nachdem er seine Strafe abgesessen und auch die kirchliche Aussöhnung erlangt hatte.

Oft kam es zum Streit unter den Gläubigen. Diese durften erst dann wieder an den Tisch des Herrn treten, nachdem sie sich ausgesöhnt hatten. Allein die Reue war ausschlaggebend, um wieder Brot und Wein zu empfangen. Wurde ein Gemeindeglied des Wuchers überführt, dann musste es den zu Unrecht erworbenen Gewinn zurückgeben. Wenn es aber einem Geistlichen nicht gelang, den Geizhals seiner Schuld zu überführen, dann durfte ihm das heilige Mahl nicht verweigert werden. Luther sagte sich, dass ja viele Menschen am Abendmahl teilnehmen, ohne dass sie zuvor ihre Sünden gebeichtet hatten. Solche Heuchler müsste eine Gemeinde in ihren Reihen ertragen können. Das Einzige, das ihnen widerfahren konnte, war die Verweigerung eines christlichen Begräbnisses auf dem Friedhof. Diese Möglichkeit, über einen Menschen wegen schwerer Vergehen einen Bann auszusprechen, wandte Luther auf Grund eigener übler Erfahrungen nicht gern an. Aber man musste daran festhalten, um die Glaubwürdigkeit der Kirche nicht zu gefährden.

Luther auf der Kanzel

Voller Hingabe und Eifer hatte Luther sich in den Dienst als Prediger in der Gemeinde stellen lassen. Bei seiner Verkündigung des Wortes Gottes nahm er gern Bezug auf die aktuellen Verhältnisse und konnte die Zuhörer begeistern. Seine Rede war klar, verständlich und oft recht deftig. Eindeutig waren seine Worte, und jedes Kind konnte sie verstehen. Mit dem gepredigten Wort wollte er vor allem die einfachen Menschen und die Jugend erreichen. Er verabscheute Pfarrbrüder, die mit ihrer Predigtweise vor den Intellektuellen glänzen wollten, und war der Meinung, dass man mit den Gottesdienstbesuchern so einfach reden sollte wie eine Mutter mit ihrem Kind während des Stillens. Denn der Prediger sei Botschafter Gottes und habe das wunderbare Evangelium zu verkündigen. Er predige im Namen des Vaters und des Sohnes und des Heiligen Geistes. Jedes Wort solle bedacht und klar über die Lippen kommen. Luther verabscheute es, wenn man auf der Kanzel wetterte und tobte. Dadurch könne man den Menschen nicht die wahre Lehre und das Heil nahe bringen. Länger als eine Stunde solle nicht gepredigt werden; denn das strapaziere die Aufnahmefähigkeit der Besucher. Gott allein sei der Auftraggeber des Verkündigers, und ihm sei er auch allein verantwortlich. Einem Studenten, der Luther fragte, wie er denn predigen solle, gab er folgenden Rat: „Tritt forsch auf, machs Maul auf, hör bald auf!"

Oft war Luther mit seiner Predigtweise unzufrieden, während sie von anderen gelobt wurde. Das war besonders der Fall, wenn er von einem bestimmten Verlauf der Predigt, wie sie vorbereitet war, dann auf der Kanzel abwich. Wenn sich die Besucher über die Predigt freuten und sich bei ihm bedankten, gab er den Dank an Gott weiter, der ihn in seinen Gedanken einen anderen Weg geführt habe. Luther suchte auf der Kanzel nicht den direkten Kontakt zu seinen Zuhörern, sondern war stark auf den Inhalt des gepredigten Wortes konzentriert. So sagte er: „Wenn ich auf den Predigtstuhl steige, so sehe ich keine Menschen an, meine, es sind eitel Klötze, die da vor mir stehen, und rede meines Gottes Wort dahin." Das bedeutete aber nicht, dass seine Worte die Herzen der Zuhörer nicht erreichen würden. Er verstand sich als Herold des Herrn, der nicht den Leuten zu Gefallen reden sollte. Er predigte in dem Wissen, dass Gott ihm sein Wort in den Mund gelegt habe.

Manchmal wollte ihn Mutlosigkeit überfallen, und deprimiert sagte er in der Predigt über Matthäus 5,22 Folgendes: „Dieses Evangelium habe ich schier 25 Jahre gepredigt, aber wie wir uns bessern, sehen wir auch. Je älter, je kärger, je länger, je ärger."

Auch in einer Predigt über den barmherzigen Samariter fügte Luther an: „Dieses Evangelium predigen wir jedes Jahr, weil wir jedes Jahr erkalten. Nur wenige gehen in sich und bessern sich." Aber diese negativen Erfahrungen dürften nicht dazu führen, dass der Prediger sich in seinem Auftrag beirren lasse. Einzigartig sei die Botschaft Christi, ein „herrlich Ding". Das Heil müsse allen Menschen verkündigt werden. Dabei sei der Verkündiger besonders auf die Fürbitte der Gemeinde angewiesen. In einem „Trostzettel" ermutigte sie Luther zum Gebet.

Oft fühle sich der Prediger des hohen Berufes unwürdig. Aber nichts dürfe ihn vom Werk des Herrn abhalten. Angefochtene Hirten sollen sich sagen: „Ich bin würdig gewesen, dass Gott mich geschaffen, erlöst und mir Lust und Liebe zum Evangelium gegeben hat. Ich bin würdig geachtet von Gott, dass mir das heilige Predigtamt befohlen worden ist." Ein Pfarrgebet hat weite Verbreitung gefunden: „Herrgott, du hast mich in diese Kirche als einen Bischof und Pfarrer gesetzt. Du siehst, wie ich so ungeschickt bin, solch groß und schwer Amt recht auszurichten, und wo es ohne deinen Ruf gewesen wäre, so hätte ich schon vorlängst alles verderbt, darum rufe ich dich an ..."

Und in einem anderen Aufruf heißt es: „Darum, liebe Herren und Brüder, Pfarrer und Prediger, betet, lest, studiert, seid fleißig. Fürwahr, es ist nicht Faulenzens, Schnarchens und Schlafens Zeit zu dieser bösen, schändlichen Zeit. Braucht eure Gabe, die euch anvertraut ist, und offenbart das Geheimnis Christi."

Einmal regte sich Luther schrecklich über den schleppenden Kirchengesang auf und tadelte: „Wollten sie ja brummen und murren, so sollten sie unter die Kühe und Schweine gehen, die würden ihnen wohl antworten ..." Als es am darauf folgenden Sonntag mit dem Gesang nicht besser geworden war, verließ er sogar den Gottesdienst. Bugenhagen hielt daraufhin der Gemeinde vor, man habe „unseren Vater Doktor Martinus" aus der Kirche verjagt.

Für die Traurigen, Leidenden und Kranken hatte Luther immer ein besonders tröstendes und hilfreiches Wort. So wandte er sich an die Mütter, die durch den Verlust eines Kindes in großer Not waren. Manche Mütter fragten sich nach einer Fehlgeburt oder Totgeburt, ob diesen Kindern auch das Heil in Christus zuteil werde oder ob sie für immer verloren seien. Diese Mütter sollten den Trost Christi erfahren und wissen, dass ihre Gebete für ihre Kinder die Taufe zu ersetzen vermögen. Gott könne an dem Gebet einer Mutter nicht vorübergehen, sondern ließe auch solche Kinder das Heil schauen.

Das Gotteslob in der Musik

Im Hause Martin Luthers wurde viel und gern gesungen, meist waren es mehrstimmige Lieder. Seine eigentliche Begabung in Bezug auf die Musik schätzte Luther nur als gering ein. Und doch liebte er die Musik und wollte sie nicht missen. Neben der Theologie sah er sie als ein besonderes Geschenk von Gott an. Vor allen Dingen sollte die Jugend viel singen; denn die Musik „macht fein geschickte Leute".

Am 17. Dezember 1537 wurden im Hause Luther Motetten dargeboten. Dieses Liedgut hatte ihn so erquickt, dass es ihm ein Hinweis auf die zukünftige Welt Gottes wurde. Er meinte dazu: „So unser Herr Gott in diesem Leben in das Scheißhaus solche edle Gaben gegeben hat, was wird in jenem ewigen Leben geschehen, wo alles ganz vollkommen und angenehm sein wird?" Er war der Meinung, dass schon von Anfang an gleich zu Beginn der Schöpfung Musik in das Leben der Menschen gehört habe. Sogar für uns Menschen nicht hörbare Töne erfüllten die Luft. Auch David habe das Gezwitscher der Vögel bewundert. Wie sehnsüchtig warte der Mensch nach einem kalten Winter auf das Trillern und Pfeifen der gefiederten Tierchen. Wer sich schon am frühen Morgen die Zeit nehme, werde staunen über den vielstimmigen Gesang der Amseln, Drosseln, Nachtigallen und den Ruf des Kuckucks. Der Jubel der Vögel erfreue das Herz des Menschen und mache ihm Mut zum Glauben. Denn Jesus, der ja auch die Vögel beobachtet hat, mahnt uns in Matthäus 6,25+26: „Darum sage ich euch: Sorget nicht für euer Leben, was ihr essen und trinken werdet, auch nicht für euren Leib, was ihr anziehen werdet. Ist denn das Leben nicht mehr denn die Speise und der Leib mehr denn die Kleidung? Sehet die Vögel unter dem Himmel an: Sie säen nicht, sie ernten nicht, sie sammeln nicht in die Scheunen; und euer himmlischer Vater nährt sie doch. Seid ihr nicht viel mehr denn sie?"

Wunderbar war für Luther die menschliche Stimme. Sie weise auf Gottes Güte, Freundlichkeit und Weisheit hin. In ihrer Tiefe sei die Stimme nicht zu ergründen. Ihr Nutzen übersteige weit jegliche Redekunst. Die Stimme könne Traurige aus ihrem Leid herausheben, Übermütige erschrecken, Ausgelassene in ihre Schranken weisen, Verzweifelte ermutigen, den Wahn der Stolzen brechen, Liebende glücklich machen und Hass dämpfen. Gottes Heiliger Geist bediene sich unserer Stimme und rede deutlich zu uns. Sogar den Teufel könnten wir mit ihr in die Flucht schlagen. Wie eng seien gerade in den Psalmen Wort und Lied miteinander verbunden. Im Lob erfahre die Stimme ihre höchste Würdigung. So bediene sich das Wort der menschlichen Stimme im Lied.

Luther erkannte auch, wie hilfreich die Musik für junge Menschen sein konnte. Als eine heilsame, frohe Schöpfungsgabe wehre sie den verderblichen, zerstörerischen Lüsten und bösen, verführerischen Gedanken. Durch unser Lied solle Gott gelobt werden. Die eigentliche Tiefe erfahre die Musik in unserer Stimme, wenn wir unseren Schöpfer und Erlöser mit jubelnden, triumphierenden Liedern priesen. Luther sagt: „Wenn man mit Fleiß singet, so sitzet das Seelchen im Leibe, spielet und hat ein sonderliches Wohlgefallen daran."

Wider den Geiz und Wucher

Zu den größten Übeln in der christlichen Gemeinde gehörten nach Luthers Ansicht die fehlende Opferbereitschaft sowie Geiz und Wucher. Gerade am Umgang mit dem Besitz würden sich die Geister scheiden. Gegen solche Vergehen wie Geiz und Wucher ging Luther mit aller Strenge vor. Für ihn war Geiz ein schreckliches Übel und ein schlimmer Missstand. Er beschäftigte sich sehr ausführlich damit, wie man ihn ausrotten könnte.

Im Jahr 1538 drohte dem Land eine entsetzliche Hungersnot. Eine heftige Mäuseplage hatte den Bauern die Ernte verdorben. Sie verlangten von dem hungernden Volk Wucherpreise für das Getreide. Luther verhängte die schwerste Kirchenstrafe, den Bann, über solche Landwirte. Sie nutzten die Not der Menschen aus, um sich zu bereichern. Luther wetterte gegen die Bauern, die im folgenden Frühjahr das Korn zurückhielten und damit eine Hungersnot unter den Armen auslösten. Er rief die Gläubigen auf, dafür zu beten, dass solche Räuber entweder von Gott ausgerottet würden oder, was ja besser wäre, sich bekehrten. Viele Studenten kehrten damals Wittenberg den Rücken, denn es herrschte blanke Not. Die Obrigkeit griff nicht ein, um die Versorgungsschwierigkeiten zu beheben. Schließlich gab es überhaupt kein Brot mehr zu kaufen. Luther gab den Adligen die Schuld, die mit ihren Kornspekulationen einen hohen Gewinn erzielen wollten. Die Vorwürfe gegen die Obrigkeit waren aber nicht gerechtfertigt, denn sie mussten erleben, dass auch im Umkreis bis zur Mark Brandenburg das Getreide zurückgehalten wurde. Nur der Landesvater konnte in dieser schrecklichen Hungersnot Abhilfe schaffen. Luther wetterte von der Kanzel herab gegen die Menschen, die sich durch Wucher bereichern wollten und dafür lieber die Armen sterben ließen. Er bezeichnete sie als Räuber und Mörder. Nach dem Wort aus Sprüche19,17 mache aber der Christ, der sich eines Armen erbarmte, mit Gott ein gutes Geschäft. Gott werde ihm seine Opferbereitschaft mit dem ewigen Leben vergelten. Das war aber nicht im Sinne von Verdienstvorstellungen gemeint. Luther ermahnte die Pfarrer, sie sollten doch alle gegen den Wucher predigen. Er habe sich stark in den Köpfen der Gierigen festgefressen. Leihen um Gewinn sei nichts anderes als verbotener Wucher. Gewiss, der Einwand mochte berechtigt sein, dass niemand etwas verleihen würde, wenn er dabei nicht auch Profit machen könnte. Aber Luther ließ sich von derlei Einschätzung nicht beeindrucken. Auch wenn solches Verleihen als wohltätige Dienstleistung für einen armen Mitbürger gedeutet würde, so stecke doch meist die Sünde dahinter, die mit einem Mäntelchen überkleidet sei. Ein Geizhals sei nie und nimmer ein Wohltäter. Im Gegenteil, er gelte als der gräulichste Feind Gottes und der Menschen.

Luther wandte sich gegen das eigensüchtige Wirtschaftsgebaren und die unberechtigten Preiserhöhungen. So sagte er: „Bier, Weinschenken, Tuch, Eisen, Gewürz ist alles gefälscht. ... Die Welt ist alles Dieberei. Beteiligt sind die großen Hansen, die die goldenen Ketten tragen und die Hengste reiten.“ Aber Luther schonte auch nicht die faulen Schmarotzer, die sich von der allgemeinen Fürsorge aushalten ließen. Die Obrigkeit müsse beiden wehren, den Schmarotzern und den Ausbeutern. Auch die Abgaben an den Staat hielt Luther für viel zu hoch. Etwas übertreibend meinte er: „Die Hälfte oder ein Drittel schluckt unser Staatswesen. Des Schindens ist kein Ende.“

Familie

Luthers Heirat

Es war schon ein Ereignis weltgeschichtlicher Bedeutung, als Martin Luther am 27. Juni 1525 Katharina von Bora heiratete. Das evangelische Pfarrhaus wurde damit geboren. Allerdings war diese Vermählung noch vom Bauernkrieg überschattet. Getraut wurden Luther und Katharina vom Stadtpfarrer Bugenhagen im Schwarzen Kloster zu Wittenberg. Das Ehepaar Cranach und die Professoren Jonas und Apel waren anwesend. Auch Luthers Eltern nahmen daran teil, und sie waren sicher die glücklichsten Leute. Anschließend besuchte das Brautpaar mit seinen Gästen den Gottesdienst. Dieser öffentliche Kirchgang sollte die Eheschließung bestätigen. Die Hochzeit der beiden wurde von vielen Bürgern als Skandal empfunden: „Mönch heiratet entlaufene Nonne!“, wurde laut gespottet.

Nicht nur seine Gegner, sondern auch seine Freunde nahmen Anstoß an Luthers Verhalten. Das sah auch Melanchthon so, und in einem Brief äußerte er sich sehr bekümmert darüber, dass Martin Luther sich so erniedrigt habe. Eigentlich hätte die Reformation in dieser Zeit einen starken Martin Luther gebraucht, der in hohem Ansehen stand. Aber mit dieser Heirat habe er sich selbst degradiert und somit an Autorität verloren. Der Jurist Schurff schrieb: „Wenn dieser Mann ein Weib nimmt, werden alle Welt und der Teufel selber lachen, und jener wird sein ganzes Werk zunichte machen.“ Es verbreitete sich das Gerücht, Luther habe die Reformation nur begonnen, um heiraten zu können. Diese Unterstellung ist natürlich völlig unsinnig; denn dann hätte er acht Jahre gebraucht, um zu seinem vermeintlichen Ziel zu gelangen.

Auch Martin Luther war sich dessen bewusst, dass er nicht nur seine Gegner, sondern auch manche Freunde brüskiert hatte. An Spalatin schreibt er am 16. Juni: „Ich habe mich durch meine Heirat so gering und verächtlich gemacht, dass ich hoffe, die Engel lachen, und alle Teufel weinen.“ Dem Teufel zum Trotz habe er sich verehelicht. Martin Luther hatte gesehen, wie manche Mönche unter dem Gelübde des Zölibats litten. In seiner Schrift „An den christlichen Adel“ wandte sich Luther gegen den erzwungenen Zölibat der Priester. Er betonte zu Recht, dass der Zölibat nicht eine göttliche Ordnung, sondern eine willkürlich von Menschen geschaffene Einrichtung sei. Er erklärte sich damit einverstanden, dass sein Freund Bernhard von Feldkirch geheiratet hatte. Dieser war Probst von Kemberg. In seiner Schrift „Über die Mönchsgelübde“ fasste er einen radikalen Entschluss und ebnete den Mönchen den Weg zur Ehe. Er selbst streifte am 9. Oktober 1524 öffentlich die Kutte ab und predigte fortan im Professorentalar.

Meine Käthe

Wer war nun Luthers Ehefrau? Katharina von Bora wurde am 29. Januar 1499 in der Nähe von Leipzig geboren. Sie entstammte einem Adelsgeschlecht, das aber nicht sehr begütert war. Schon als kleines Mädchen von zehn Jahren brachte sie ihr Vater ins Kloster der Zisterzienserinnen in Nimbschen in der Nähe von Grimma. Zu dieser Zeit überließ man gerne die adligen Töchtern den Nonnen, damit sie für ihr Leben versorgt waren und eine gute Erziehung genossen. Die Kinder wurden nicht erst gefragt, ob ihnen das klösterliche Leben zusagte. Schon am 8. Oktober 1515 wurde Katharina als Nonne eingesegnet. Wir wissen nicht, ob sie das klösterliche Dasein als unerträgliche Last empfunden hat. Vielmehr sah es so aus, als sei sie mit ihrem Lebensweg zufrieden. Sie erhielt alles, was sie zum Essen und Trinken brauchte und wurde sogar im Lateinischen unterrichtet. Diese Sprache muss sie gut beherrscht haben, denn später hat sie sich als Luthers Frau öfter an Gesprächen beteiligt, die in lateinischer Sprache geführt wurden.

Zunächst erfuhr sie in Nimbschen im Kloster Marienthron nichts über den Reformator. In Grimma, etwa eine halbe Stunde vom Kloster entfernt, waren die Bewohner mehrheitlich evangelisch geworden. Im dortigen Augustinerkloster konnte Luther auf viele Anhänger zählen. Der Prior hatte 1522 sein Amt freiwillig niedergelegt und war mit einer größeren Anzahl von Mönchen aus dem Orden ausgetreten. Durch zwei Verwandte hatte Luther Kontakt zu den Nonnen in Nimbschen bekommen. Dadurch drang seine Lehre auch in diesen Frauenorden vor. Im Kloster entstand unter den Nonnen eine Krise. Bisher waren sie von dem Gedanken beseelt gewesen, dass sie durch ihr Ordensleben besondere Verdienste bei Gott erworben hätten. Nun zerbrach diese Gewissheit, und neun Nonnen entschlossen sich, ihr Gelübde zu lösen und den Ort zu verlassen. Unter ihnen waren auch Katharina und eine Schwester von Johann von Staupitz. Diese Nonnen baten ihre Eltern, ihnen beizustehen, wenn sie aus dem Kloster austräten. Aus Gewissensgründen sei ihnen ein Verbleib im Orden nicht mehr möglich. Aber diese Hilfe wurde ihnen verwehrt.

Darauf nahmen sie selbst den Kontakt zu Luther auf, und dieser zögerte nicht, ihnen beizustehen. Doch an eine freiwillige Entlassung aus dem Orden war nicht zu denken. So musste der Austritt heimlich vonstatten gehen. Der Vorgang barg ein gefährliches Risiko in sich, denn auf der Entführung von Nonnen stand die Todesstrafe. Aber Luther fand einen Helfer, den angesehenen Torgauer Bürger Leonhard Koppe. Er unterhielt Handelsbeziehungen zum Kloster. In der Osternacht am 4. April 1523 gelang die Flucht. Sie war abenteuerlich: Auf einem Planwagen, mit dem Koppe Heringsfässer transportierte, hat er die Nonnen aus dem Kloster herausgeholt. Es ist eine Legende im Umlauf, nach der die Nonnen in die leeren Heringsfässer gekrochen seien und sich darin versteckt hätten.

Am 7. April erreichten die neun Frauen Wittenberg. Luther fiel nun die nicht leichte Aufgabe zu, für sie zu sorgen. In einem öffentlichen Brief bekannte er sich zu der Befreiung der Nonnen aus dem Kloster und setzte sich für den guten Ruf dieser jungen Frauen ein. Alle neun Frauen heirateten schließlich.

Was hat nun Luther selbst bewogen zu heiraten? Hierfür finden sich vier Gründe:

1. Im April 1525 besuchte Martin Luther auf einer Reise nach Eisleben und Thüringen auch seine Eltern. Bei dieser Gelegenheit muss der Vater erneut den Wunsch geäußert haben, dass er sich über eine Ehe seines Sohnes freuen würde und er sich auch nach Enkelkindern sehne.

2. Durch seine eigene Heirat wollte Luther dem Wert einer Ehe, wie sie der evangelischen Lehre entspricht, Nachdruck verleihen. Zur Zeit der Flucht der Nonnen lebte er noch mit einem Ordensbruder

im Klostergebäude. Die Mönchskutte legte er erst im Herbst 1524 ab.

3. Luther hätte sicher weiter unverheiratet leben können; aber er fühlte sich dafür verantwortlich, dass die entlaufenen Nonnen versorgt waren. Katharina von Bora war mittlerweile die Einzige, die noch allein übrig geblieben war. Sie war zunächst ins Haus von Lukas Cranach gekommen und hatte sich sehr bald in den Patriziersohn Hieronymus Baumgartner verliebt. Dieser junge Mann aus Nürnberg studierte zu dieser Zeit in Wittenberg. Aber leider löste Baumgartner, wohl auf Drängen seiner Eltern, diese Verbindung. Eine bettelarme, entlaufene Nonne zu heiraten, ließ sich nicht mit dem Standesbewusstsein seiner Familie vereinbaren.

4. Luther fühlte sich von Gott berufen – gerade jetzt, da der Bauernaufstand ihm viel zu schaffen machte und er heftiger Kritik ausgesetzt war –, dem Teufel und der Welt sein Vertrauen in den Schöpfergott zu zeigen. Denn Mann und Frau sind von Gott füreinander geschaffen, und das natürliche Leben, auch im Ehestand, geschieht nach Gottes Willen und steht unter seinem Segen. Wer dies verachtet, verachtet auch damit seinen Schöpfer. So sagte es Paulus: „Denn alles, was Gott geschaffen hat, ist gut, und nichts ist verwerflich, was mit Danksagung empfangen wird; denn es wird geheiligt durch das Wort Gottes und Gebet“ (1. Timotheus 4,4).

Der Verzicht auf Ehe und das Fasten sind keine verdienstlichen Leistungen. Der Mensch kann Gott in allem, gerade auch in seinem natürlichen Leben, in Dankbarkeit ehren.

Katharina war zunächst nicht Luthers große Liebe. Er hegte sogar den Verdacht, sie sei hochmütig. Aber dann bewog ihn doch Katharinas enttäuschte

Liebe, sich ihrer anzunehmen; denn er erkannte darin Gottes Willen, sich der Einsamen zu erbarmen. In einer Tischrede drückt er es so aus: „Aber Gott gefiel es also wohl, der wollte, dass ich mich ihrer erbarmte. Und ist mir gottlob wohl geraten, denn ich habe ein fromm, getreu Weib, auf welches sich des Mannes Herz verlassen darf, wie Salomon in den Sprüchen sagt."

Luthers Heirat geschah also nicht aus einer Verliebtheit heraus. Aber er sehnte sich nach einer Familie, in der er geborgen sein konnte. Das Junggesellendasein im Schwarzen Kloster war er Leid geworden. Einmal erwähnte er, dass sein Stroh im Bett schon verfault sei. So hatte er ein großes Verlangen nach einer Frau, die sich der hauswirtschaftlichen Dinge annehmen und endlich für Ordnung sorgen würde. Dieser Herzenswunsch wurde ihm auch erfüllt. Im Schwarzen Kloster begann ein neues Leben. In einem Brief schrieb Luther an seinen Freund Amsdorf, den er zu seiner Hochzeit eingeladen hatte: „Ich bin nicht verliebt und nicht in Leidenschaft, aber ich liebe meine Frau." Und so bot diese Liebe eine solidere Grundlage für eine glückliche Ehe als eine romantische Verliebtheit. Er empfand seine eheliche Liebe als beglückend. In einer späteren Tischrede sagt er: „Im ersten Jahr der Ehe hat einer seltsame Gedanken. Wenn er bei Tisch sitzt, so denkt er: Vorhin warst du allein, nun aber bist du zu zweien. Im Bett, wenn er erwacht, sieht er ein paar Zöpfe neben sich liegen, die er vorhin nicht sah."

Für Martin Luther begann wirklich eine glückliche Zeit mit seiner Heirat. So hat er verschiedentlich Zeugnis davon gegeben:

„Ich achte sie teurer denn das Königreich Frankreich und der Venediger Herrschaft, denn mir ist ein fromm Weib von Gott geschenkt und gegeben, wie ich auch ihr."

„Ich habe meine Käthe lieb, ja, ich habe sie lieber als mich selbst, das ist gewisslich wahr; ich wollte lieber sterben, als dass sie mit den Kindern stürbe."

„Die höchste Gabe und Gnade auf Erden ist, ein fromm, freundlich, gottesfürchtig und häuslich Gemahl haben, mit der du friedlich lebst, der du darfst all dein Gut und was du hast, ja, dein Leib und Leben vertrauen." Und er fügt noch hinzu: „Käthe, du hast aber auch einen frommen Mann, der dich liebt, du bist eine Kaiserin."

„Mit der Frau, mit der mich Gott verbunden hat, ist es erlaubt zu scherzen, zu spielen und schmeichelnd zu reden."

Es war ihm wichtig, seiner Käthe diese innige Liebe zu zeigen. Eine gute Ehe bestand für ihn nicht nur in der körperlichen Anziehung, sondern auch in der geistigen Gemeinschaft. Aber das schließt die Bereitschaft ein, sich gegenseitig im Verzeihen zu üben. Die Ehepartner erscheinen bei Luther eigentlich als gleichberechtigt. Die eheliche Beglückung im Liebesspiel hielt er nicht für eine Sünde, wie er es in früherer Beichtpraxis erlebt hatte, sondern für zugehörig zur menschlichen Sexualität. Aber die Eheleute sollten maßvoll miteinander umgehen.

Manchmal wurde Luther unterstellt, er kenne nur die Sexualität in der Ehe, und von Erotik habe er nichts gewusst. Sie sei ihm fremd gewesen. Aber in seiner Genesis-Vorlesung zeigte er ein anderes Bild von der Beziehung der Ehepartner. Darin wird die Erotik als beglückendes Element erfahren. Aber die Ehe geht nicht in der geschlechtlichen Vereinigung auf, sondern übt sich im Idealfall in einer artikulierenden Glaubensgemeinschaft. Das zeigt sich dann im gemeinsamen Gebet und im Bibelstudium. Christus ist die Mitte einer solchen innigen Gemeinschaft. Er bewahrt auch in den Anfechtungen und teuflischen Angriffen.

Katharina Luther war eine überaus tüchtige Frau. Morgens war sie die Erste, die aufstand, und abends die Letzte, die zu Bett ging. Deshalb nannte Luther sie den „Morgenstern von Wittenberg". Sie kümmerte sich in vorbildlicher Weise um den Hausstand und die Kinder. Luther ließ seine Käthe sogar von Lukas Cranach malen und freute sich von ganzem Herzen über ihr Bildnis. Dazu sagte er: „Nun will ich auch den Mann dazu malen lassen und solche zwei Bilder gen Mantua aufs Konzil schicken und die heiligen Väter allda versammelt fragen lassen, ob sie lieber haben wollten den Ehestand oder das ehelose Leben der Geistlichen."

Seine Freunde hofften, dass Käthe einen wohltuenden, besänftigenden Einfluss auf ihren recht unruhigen und stürmischen Mann ausüben würde, und Melanchthon deutete in einem Brief an: „Doktor Martinus fängt an, nach der Hochzeit milder zu werden, er wütet nicht mehr mit der Feder." Aber darin täuschten sich seine Freunde. Temperamentvoll blieb Luther, und sicher war es für seine Frau nicht immer einfach, ihn in seiner aufbrausenden Art zu zügeln. Aber ihre Liebe und Treue überwand alle Spannungen. Sie war ihm eine gute Partnerin und trug mit ihm seine Kämpfe und Anfechtungen, aber sie redete ihm nicht in seine ureigensten Aufgaben hinein. Ihre Verantwortung lag in der Hauswirtschaft, und diesen Sektor überließ ihr Luther ganz. Käthe war eine starke Frau und wusste, was sie wollte. Gelegentlich neckte sie Luther und redete sie in seinen Briefen als „Herr Käthe“ oder „mein Herr und Moses Käthe“ an.

Käthe Luthers Hauswirtschaft und Garten

Die große Haushaltsführung konnte Käthe Luther nicht ohne genügend Dienstpersonal bewältigen. Außerdem war es auch ein großes Haus, in dem sie wohnten. Es war nie ganz auszumachen, wie viele hungrige Münder sich um Luthers Tisch versammelten. Über den Diener, der sich um Keller und sonstige Geschäfte kümmern sollte, beschwerte sich Luther. Der Kerl sei faul, und wenn er nicht so eine treue Seele wäre, hätte er ihn schon längst rausgeworfen. Es ist auch nicht genau festzustellen, wie viele Knechte und Mägde in Luthers Dienst standen. Zuweilen klagte er, es sei kein Wunder, dass die Familie finanziell auf keinen grünen Zweig komme. Die Vielzahl der Diener verschlinge das Geld.

Haus, Garten und sonstiger Besitz wurden Käthe Luther anvertraut, und sie war eine tüchtige Wirtschafterin. Das ist nicht verwunderlich, denn in ihr pulsierte das Blut einer adligen Gutsherrin. Häufig fuhr sie mit ihren eigenen Pferden nach Zülsdorf, um nach dem Rechten zu sehen. Hier war ihr Reich. Die Familie Luther besaß mehrere Gärten, ohne die die Ernährungslage nicht gesichert gewesen wäre. Luther selbst hatte Freude am Wachstum und Gedeihen seiner Früchte. Wie liebte er besonders den Frühling mit seiner Knospenvielfalt und dem herrlichen Blütenzauber. Blieb der Regen aus, dann betete Luther, dass sich doch die Wolken auftun möchten. Wenn dann die ersten Tropfen vom Himmel fielen, forderte er alle Hausbewohner auf, Gott dafür zu danken: „Jetzund regnet’s eitel Korn, Weizen,

Hafer, Gerste, Wein, Kraut, Zwiebeln, Gras, Milch ..." Und so wurde es 1538 trotz aller Befürchtungen doch noch ein fruchtbares Jahr.

Wenn Luther sich auf einer Reise befand, wies er auf das Vieh auf den Weiden hin, das als „Milchträger, Butterträger, Käseträger, Wollträger" den Glauben an den himmlischen Vater predige. Wenn sich seine Kinder über einen Pfirsich auf dem Mittagstisch freuten, bezeichnete er dies als Bild rechter Freude auf den jüngsten Tag. Verglichen mit den Früchten des Paradieses sei ein Pfirsich freilich eher ein Holzapfel. Luther pfropfte auch seine Obstbäume selbst. Dass sich der Stamm nach den kleinen Zweigen richtete, blieb für ihn ein Wunder Gottes. Der Frühling mit dem Erwachen in der Natur wurde für Luther ein Abbild der Auferstehung der Toten. Von den Blumen liebte er besonders die Rosen. Sie waren ihm ein Wunderwerk des Schöpfers.

Käthe besaß eine Reihe von Bienenstöcken und konnte ihren Kindern immer Honig aufs Brot geben. Luther beobachtete die Bienen bei ihrem Ausschwärmen. Solange sich die Bienen immer um die Königin scharten, ginge es ihnen gut, und die Ordnung im Bienenstaat sei gewährleistet. Entferne man die Königin aus ihrer Mitte, löse sich der Bienenschwarm in ein Chaos auf. Genauso sei es auch mit der Kirche. Verschwinde Christus, dann fehle der Gemeinde der Zusammenhalt und sie sei zur Auflösung verurteilt.

Die Beispiele Luthers aus der Natur weisen auf zwei Aspekte hin: Erstens hob er immer wieder den Nutzen oder Schaden der Naturvorgänge und Naturprodukte für den Menschen hervor. Zweitens wurden sie ihm vielfach zum Verständnis für Gottes Handeln.

Aus einer Steuererklärung Luthers erfahren wir, dass er fünf Kühe, neun Kälber, eine Ziege mit zwei Jungen, acht Schweine, zwei Mutterschweine und drei Ferkel im Wert von insgesamt 50 Gulden besaß. Jährlich musste er von seinem Vermögen 16 Gulden, acht Groschen und drei Pfennige bezahlen, wobei er sich noch um einen Groschen verrechnet hatte. In seinem Testament bedachte er vor allem seine Käthe. Sie habe sich ihm gegenüber immer als eine fromme, liebevolle Frau erwiesen und ihn noch mit sechs Kindern beglückt. Luther sorgte immer bestens für seine Frau und Kinder.

Luthers Ehe- und Familienleben

Drei Jungen und drei Mädchen wurden dem Ehepaar Luther geboren. Johannes war der erste Sohn, der ein Jahr nach ihrer Hochzeit das Licht der Welt erblickte. Später studierte er Jura und brachte es bis zum Kanzleirat des Herzogs Johann Friedrich in Weimar. Das zweite Kind, Elisabeth, starb schon acht Monate nach seiner Geburt. Magdalena war das dritte Kind, wurde aber auch schon im Alter von 13 Jahren von Gott aus der Zeitlichkeit in die Ewigkeit abberufen. Der Tod dieses so lieben und schönen Mädchen zerriss Martin Luther fast das Herz. Danach vergrößerte sich die Familie durch die Geburt von Martin, Paul und Margarethe. Martin wurde wie sein Vater Theologe, bekleidete aber nie ein Pfarramt. Der begabteste und tüchtigste von Luthers Kindern war Paul. Zunächst bereitete er den Eltern viel Not, weil er oft krank und schwach war. Aber dann entwickelte er sich wunderbar, studierte Medizin und wurde ein hervorragender Arzt zunächst am Hof in Gotha und dann Leibarzt beim Kurfürsten zu Brandenburg.

Obwohl Luther ein viel beschäftigter Mann war, kümmerte er sich doch sehr liebevoll um seine Kinder. Während er an seinen Predigten arbeitete, durften seine Kleinen um ihn herum spielen. Er beobachtete seine Buben und Mädchen intensiv, und vieles aus dem Verhalten seiner Kinder diente ihm zum Gleichnis für die Auslegung vom Reich Gottes. Für ihn waren Kinder die „feinsten Spielvögel, die reden und tun alles einfältig von Herzen und natürlich. Sie sind Gottes Närrlein, sie haben so feine Gedanken über Gott". Einmal schaute er voller Freude, wie sein kleiner Martin an der Brust seiner Mutter lag. Da rief er aus: „Dem Kind ist feind Papst, Bischof, Herzog Georg, Kaiser Ferdinand und alle Teufel. Das Kindlein fürchtet sich nicht vor ihnen allen, sondern saugt an der Mutter Brust mit Freuden, fragt nicht nach allen seinen Feinden und ist guter Dinge."

In der Beschäftigung mit seinen Kindern zeigte sich Luthers große Liebe, sein Verständnis für die Kleinen und seine Herzlichkeit. Wenn er dienstlich unterwegs war, schrieb er auch an seine Kinder Briefe. Bekannt wurde sein Brief an seinen Sohn Hans, den er aus Coburg an seinen Jungen schickte:

„Meinem herzlieben Sohn Hänschen Luther zu Wittenberg. Gnade und Friede in Christus. Mein herzlieber Sohn, ich sehe gern, dass du gut lernest und fleißig betest. Tue so, mein Sohn, und fahre darin fort. Wenn ich heimkomme, dann will ich dir ein schönes Geschenk mitbringen.

Ich weiß einen hübschen, schönen, lustigen Garten. Da gehen viel Kinder drinnen, haben goldene Röcklein an und lesen schöne Äpfel unter den Bäumen und Birnen, Kirschen, Spillinge und Pflaumen; singen, springen und sind fröhlich. Sie haben auch schöne kleine Pferdlein mit goldenen Zäumen und silbernen Sätteln. Da fragte ich den Mann, des der Garten ist, wes die Kinder wären. Da sprach er: Es sind die Kinder, die gerne beten, lernen und fromm sind. Da sprach ich: Lieber Mann, ich habe auch einen Sohn, der heißt Hänschen Luther. Könnte er nicht auch in den Garten kommen, dass er auch solche schönen Äpfel und Birnen essen und solche feinen Pferdlein reiten und mit diesen Kindlein spielen könnte? Da sagte der Mann: Wenn er gern betet, lernet und fromm ist, so soll er auch in den Garten kommen. Lippus und Jost auch. Und wenn sie alle zusammenkommen, so werden sie auch pfeifen, pauken, lauten und allerlei andere Saitenspiel haben und auch tanzen und mit kleinen Armbrüsten schießen.

Und er zeigte mir dort eine feine Wiese im Garten, zum Tanzen zugerichtet, da hingen eitel goldene Pfeifen, Pauken und feine, silberne Armbrüste. Aber es war noch frühe, dass die Kinder noch nicht gegessen hatten, darum konnte ich auf den Tanz nicht warten und sagte zu dem Mann: Ach lieber Herr, ich will flugs hingehen und das alles meinem Sohn Hänschen schreiben, dass er ja fleißig bete, gut lerne und fromm sei, auf dass er auch in diesen Garten komme. Aber er hat eine Muhme Lene, die muss er mitbringen. Da sagte der Mann: Es soll ja sein, gehe hin und schreibs ihm so.

Darum, lieber Sohn Hänschen, lerne und bete ja getrost und sage es Lippus und Josten auch, dass sie auch lernen und beten, so werdet ihr miteinander in den Garten kommen. Hiermit sei dem lieben Gott befohlen und grüße Muhme Lene und gib ihr einen Kuss in meinem Namen. Dein lieber Vater Martinus Luther."

Als er einmal für längere Zeit im Jahr 1540 verreist war, schenkte ihm der Kurfürst einen silbernen

Apfel, der zerlegbar war. Luther schickte dieses Geschenk nach Hause und bat seine Frau, sie möge dafür den Kleinen Kirschen und Frühäpfel kaufen.

Als seine kleine Elisabeth starb, war er zutiefst traurig. Doch weit härter traf ihn der Heimgang seiner dreizehnjährigen Magdalena. So rief er aus: „Ich bin fröhlich im Geist, aber nach dem Fleisch bin ich sehr traurig." Ihr Sterben quälte ihn sehr. Obgleich er wusste, dass Gott sein Tor zur Herrlichkeit weit aufgestoßen und sein geliebtes Kind aufgenommen hatte, war sein Herz zerrissen und voller Gram. Der sonst so glaubensstarke Vater sank am Bett seines Lieblings nieder, weinte und konnte den Tod nicht fassen. Es ist schon ergreifend, den tiefen Schmerz eines Vaters wahrzunehmen. In einem Brief an Justus Jonas, in dem er den Tod seiner Tochter anzeigte, schreibt er:

„Du wirst wohl gehört haben, dass mein allerteuerstes Töchterlein Magdalena in das ewige Reich Christi hinein wiedergeboren ist. Und wiewohl ich und meine Frau nichts tun sollten als danken und fröhlich sein für ihr glückliches Ende und seliges Sterben, wodurch sie der Macht des Fleisches, der Welt, des Türken und des Teufels entronnen ist, so ist dennoch die Macht der elterlichen Zärtlichkeit so groß, dass wir das nicht ohne Schluchzen und Seufzen und nicht ohne das allertiefste Herzeleid fertig bringen.

Denn tief in unsere Herzen hat sich eingeprägt jeder Zug, jedes Wort, jede Bewegung unseres so folgsamen und ehrfürchtigen Töchterleins, wie sie lebte und wie sie starb, so dass selbst der Tod Christi, mit dem ja keines anderen Tod verglichen werden kann, die Trauer nicht so ganz, wie es eigentlich sein sollte, vertreiben kann.

Darum danke du Gott statt unser. Hat er nicht

große Gnade an uns getan, er, der unser Fleisch so verherrlicht hat?

Du weißt, sie hatte einen milden, gütigen, sanften Sinn. Gelobt sei der Herr Jesus Christus, der sie berufen, erwählt und verherrlicht hat. O dass doch mir und uns allen ein eben solcher Tod, ja eben solches Leben zuteil werde! Nur darum bitte ich Gott, den Vater allen Trostes und Barmherzigkeit."

Das Kind wurde noch am gleichen Tag beerdigt. Viele nahmen an der Trauerfeier teil, und auch Studierende und Professoren begleiteten die Familie Luther auf dem letzten Weg ihres Kindes. Als der Leichnam in den Sarg gelegt wurde, sagte der Vater, dem geliebten Kind sei wohl geschehen. Aber dann schüttelte ihn doch ein starkes Schluchzen. Und doch blieb der Familie Luther die Hoffnung. Als man den Sarg schloss, sagte Luther: „Schlagt zu! Am jüngsten Tag wird sie wiederum auferstehen." Er hielt sich daran, dass es eine Auferstehung des Fleisches gebe. Als er vom Friedhof wieder zu Hause angelangt war, wollte er nicht länger klagen. Der Tod gehöre in unser Leben hinein, und ihn müssen wir annehmen. Ihn tröstete aber die Gewissheit des ewigen Lebens. Über den Verbleib der Toten wurde gesagt: „Das Kind schläft hier in der Erde als zu Tode geborener und wegen der Sünde verlorener Mensch, der aber dank Christi Blut und Tod lebt."

Offen gestand Luther ein, dass das große Leid fast nicht zu ertragen war. Das ungehaltene Murren gegen den Tod half aber Luther über die Tränen hinweg, während seine Frau Käthe noch lange schluchzen musste und oft feuchte Augen hatte. Auch wenn die Eltern wussten, dass ihr Kind der bösen Welt entnommen war, so blieb doch die Traurigkeit über den Verlust dieses geliebten Kindes. Luther verdrängte den Schmerz über dieses Sterben nicht, aber er ließ sich auch nicht die Hoffnung auf die Herrlichkeit in Gottes neuer Welt nehmen.

Familienleben

Luther war seinen Kindern ein guter Vater, aber er forderte ihnen auch Gehorsam und Disziplin ab. Seine Art zu strafen kann einem hart und unbarmherzig scheinen. So ließ er sein Hänschen einmal drei Tage nicht zu ihm kommen, als der Junge etwas Böses angestellt hatte. Erst als die Mutter ein gutes Wort für ihren Sohn einlegte und er handschriftlich um Verzeihung bat, schloss Luther das Kind wieder in seine Arme. Er war aber ein rechter Vater und behandelte jedes Kind nach seiner Weise, wie es dies verdient hatte. Er erzog seine Kinder längst nicht so streng, wie er von seinen Eltern erzogen worden war, und betonte immer, dass Lob und Tadel stets richtig abgewogen sein müssen. „In der Erziehung muss der Apfel bei der Rute liegen. Es ist viel besser zu viel Gnade als zu viel Strafe."

Im Hause Luther herrschte ein turbulentes, aber doch fröhliches Treiben. Die Musik wurde gepflegt. Luther spielte Laute, und nach dem Abendessen sang die Familie miteinander. Martin Luther liebte das Schachspiel, und im Garten legte er eine Kegelbahn an. Er übte sich auch an der Werkbank und drechselte gern. Wie er es in der Zeit als Mönch geübt hatte, flickte er auch seine Hosen selbst. Das gefiel aber seiner Katharina gar nicht. Gern ging er auch in seinen großen Garten, pflanzte, pflegte und erntete die Früchte. Lebhaft ging es im Hause zu. Außer seinen Kindern wohnten noch Dauergäste unter seinem Dach. Auch trafen sich oft meist ältere Studenten der Theologie im Hause Luther und setzten sich mit an seinen Tisch. Gegen ein kleines Entgelt durften Studierende damals bei den Professoren verköstigt werden.

An Luthers Tisch

Diesen Studenten verdanken wir auch die Aufzeichnungen von Luthers „Tischreden". Sie geben uns ein wahres Bild von dem Reformator. Sie sind so persönlich gehalten, dass man beim Lesen den Eindruck gewinnen könnte, wir säßen mit zu Tisch bei Käthe und Martin Luther. Es ist erstaunlich, für wie viele Lebensbereiche er Interesse zeigte. Sein Kopf war voller guter Gedanken, und sein Humor brachte die Menschen in seiner Umgebung zum Lachen. Er konnte aber auch sehr zornig werden, und seine Leidenschaft war stark ausgeprägt. Manchmal war seine Rede derb, wie überhaupt der Ton in dieser damaligen Zeit rau war, aber nie wurde er obszön. So konnte er sich großer Achtung und Ehre erfreuen.

Für seine Frau wurde der Alltag oft zu einer großen Belastung. Käthe musste für viele hungrige Münder am Tisch sorgen. Als im Jahr 1539 die Frau des Juristen Sebald Münsterer und kurz darauf der Ehemann auch noch an der Pest verstarb, nahm Käthe Luther die vier kleinen Kinder in ihr Haus auf. Später kamen die Waisen dann in der Familie von Melanchthon unter.

1542 wünschte Fürst Georg von Anhalt in Luthers Haus Aufnahme zu finden. Aber ein Bekannter riet ihm davon ab; denn in diesem Hause wohne ständig eine bunt gemischte Menschenschar von Studenten, Mädchen, Witwen und Kindern. Dadurch herrsche dort auch viel Unruhe. Würde Luthers Geist in allen

Insassen wohnen, dann fände der Fürst eine sehr angenehme Herberge und könnte sich auch an den Gesprächen mit Luther erfreuen.

Manchmal nahm Luther es gar nicht wahr, wie stark die Beanspruchung seiner Frau war. Käthe war ja nicht nur für die Zubereitung der Mahlzeiten, sondern auch für die Beschaffung der Nahrungsmittel verantwortlich. So musste sie auf dem Markt manchmal ein ganzes frisch geschlachtetes Schwein kaufen.

Luthers Verhältnis zum Geld war gering entwickelt. Käthe konnte es fast nicht glauben, als er einem Bettler ohne Zögern die goldenen Patenbecher seiner Kinder schenken wollte, weil er gerade keinen Taler mehr in der Tasche hatte.

Mehrfach wurde auch Martin Luther von Schwindlern und Taugenichtsen, vor allem von verarmten Mönchen und Nonnen, ausgenutzt und angeschwindelt. Das führte dazu, dass er in späteren Jahren vorsichtiger wurde. Aber einmal erzählte er halb belustigt, wie sich eine angebliche Nonne unter dem falschen Namen Rosina von Truchsess in sein Haus geschmuggelt hatte. In Wirklichkeit war sie die Tochter eines Bürgers, der im Bauernkrieg hingerichtet worden war. Luther vertraute ihr grenzenlos. Dann aber stellte es sich heraus, dass sie gelogen, gestohlen hatte und zudem noch schwanger war. Daraufhin machte sich die angebliche Nonne schnellstens aus dem Staub und suchte sich in Leipzig ein neues Opfer. Luther war sich grundsätzlich bewusst, dass die Opferbereitschaft und Liebestätigkeit auch mit einem hohen Risiko verbunden war. Aber er tröstete sich damit, dass er ja nicht ein ganz armer Mann war.

Einmal klopfte ein englischer Bettler an seine Tür und überließ der Familie Luther ein Findelkind. Sie behielt das Waisenkind eine Zeit lang, suchte dann aber eine Bleibe für den Säugling in einem Kinderheim.

Ein reicher Mann wurde Luther nie; denn für seine Vorlesungen und Schriften nahm er nie einen Pfennig Honorar. Gemessen an dem, was er veröffentlichte, hätte Luther ein großes Vermögen anhäufen können. Einmal wandte seine Frau auch eine List an, um ihren Mann an seiner großen Freigebigkeit zu hindern. Er hatte von seinem Gegner Albrecht von Mainz kurioserweise zur Hochzeit zwei Goldgulden geschickt bekommen. Entrüstet wollte Luther dieses Geschenk zurückweisen. Käthe aber behielt das Geld, ohne dass ihr Mann davon erfuhr. Sein Professorengehalt, das er vom Kurfürsten erhielt, betrug jährlich nach seiner Heirat 200 Gulden. Später wurde dieser Betrag auf 300 erhöht. Manchmal ließ man ihm auch Naturalien zukommen. Er verdiente nicht wenig, aber die Ausgaben für den großen Haushalt waren sehr hoch, manchmal wie ein Fass ohne Boden. Käthe Luther suchte nach einem Ausweg, wie sie ihr Haushaltsgeld aufbessern könnte. So erwarb sie etwas Grundbesitz. Insgesamt bewirtschaftete sie mit ihren Mägden vier Gärten. Später konnte sie noch ein kleines Gut in der Nähe von Wittenberg pachten. 1540 übernahm sie für 616 Gulden das heruntergewirtschaftete Gut ihres Bruders Hans von Bora. Die Hauptsumme dieses Geldes für den Kauf kam vom Kurfürsten. Nun hatte Käthe Luther nicht nur Land zu bewirtschaften, sondern musste sich auch um die Haltung von Kühen, Schweinen, Ziegen, Hühnern, Tauben, Gänsen und Enten kümmern. In einem Teich wurden Fische gezüchtet, und Frau Luther braute auch das Bier selbst. Sie war eine überaus tüchtige Wirtschafterin und unermüdlich tätig. Das lobte Luther an ihr und war seiner Frau sehr dankbar.

Was Käthe allerdings große Not machte, waren die vielen Krankheiten, von denen Luther befallen wurde. In einem Brief schreibt er an seine Frau: „Denn ich bin gestern selber von Schmalkalden aufgebrochen und fuhr auf M.G.H. eigenen Wagen daher. Die Ursache ist, dass ich hier nicht über drei Tage gesund gewesen bin. Bis auf diese Nacht ist vom vorigen Sonntag an kein Tröpfchen Wasser von mir gekommen, ich habe nie geruhet noch geschlafen, kein Trinken noch Essen bei mir behalten können. In summa, ich bin tot gewesen und habe dich mit den Kindlein Gott befohlen und meinem gnädigen Herrn, als würde ich euch nimmermehr sehen. Es hat mich euer sehr erbarmet, aber ich hatte mich dem Grabe beschieden. Nun hat man so hart für mich zu Gott gebetet, dass vieler Leute Tränen vermocht haben, dass mir Gott diese Nacht den Gang der Blase geöffnet hat und in zwei Stunden wohl mehrere Liter von mir gegangen sind und mich dünket, ich sei wieder von neuem geboren."

Er bat Melanchthon: „Tröste meine Käthe. Sie soll den Schmerz tragen und eingedenk sein dessen, dass sie zwölf Jahre mit mir fröhlich gewesen ist. Sie hat mir gedient, nicht nur wie eine Ehefrau, sondern wie eine Magd. Gott vergelte es ihr!"

Auf seiner Fahrt nach Eisleben versuchte er Käthes Sorgen mit humorvollen, aber auch rührenden Worten in seinem Brief zu zerstreuen: „Meiner lieben Hausfrau Katharina Luther, Doktorin, Säumärkterin zu Wittenberg, meiner gnädigen Frau zu Händen und Füßen. Gnade und Friede im Herrn! Lies du, liebe Käthe, das Johannesevangelium und den kleinen Katechismus, von dem du einmal sagtest: Es ist doch alles in dem Buch zu mir gesagt. Denn wenn du anstelle Gottes sorgen willst, gerade als wäre er nicht allmächtig, der da zehn Doktor Martinus erschaffen könnte, wo der eine alte in der Saale ersöffe oder im Ofenloch oder auf Wolfs Vogelherd umkäme. Lass mich zufrieden mit deiner Sorge, ich habe einen besseren Sorger, als du und alle Engel sind. Der liegt in der Krippe und hängt an einer Jungfrauen Brust, sitzet aber gleichwohl zur rechten Hand Gottes, des allmächtigen Vaters. Darum sei zufrieden, Amen!"

Drei Tage später schreibt er wieder aus Eisleben an Käthe: „Der heiligen, ängstlichen Frau, Katharina Luther, Doktorin zu Wittenberg, meiner gnädigen lieben Hausfrau. Gnade und Friede in Christus. Allerheiligste Frau Doktorin! Wir danken euch sehr herzlich für eure große Sorge, vor der ihr nicht schlafen könnt. Denn seit der Zeit ihr um uns gesorgt habt, wollte uns das Feuer in unserer Herberge hart vor meiner Stubentür verzehrt haben. Und gestern, ohne Zweifel aus Kraft eurer Sorge, wäre uns beinahe ein Stein auf den Kopf gefallen und hätte uns zerquetscht wie in einer Mausefalle. ... Ich besorge, wo du nicht aufhörst, dich um mich zu sorgen, so möchte uns zuletzt die Erde verschlingen und alle Elemente verfolgen. Lernest du so den Katechismus und das Glaubensbekenntnis? Bete du, und lasse Gott sorgen. Dir ist nicht befohlen, für dich oder mich zu sorgen. Es heißt: Wirf dein Anliegen auf den Herrn, der sorget für dich! Psalm 55,23 und an viel mehr Stellen."

Einmal erschien er bei seiner Frau im schwarzen Anzug, so dass sie erschrocken war und fragte: „Wer ist wieder gestorben?" Luther sagte zu ihr: „Ich will deinen Gott beerdigen." Damit wollte er ihr ihre

Ängstlichkeit und ihre Zweifel an Gottes Hilfe anschaulich vor Augen führen; denn oftmals lebte sie so in Sorgen, als sei Gott tot. Insgesamt schrieb Luther 121 Briefe an seine Frau. Er ließ sie an seinen Aufgaben teilnehmen.

Katharina von Bora ist als Luthers Ehefrau in die Geschichte eingegangen. Seine Heirat bedeutete zugleich die Geburtsstunde des evangelischen Pfarrhauses. Über Jahrhunderte hat das Pfarrhaus einen großen Einfluss auf die Gemeinden ausgeübt. So kümmerte sich die Pfarrfrau um die weiblichen Gemeindeglieder und scharte die jungen Mädchen um sich. Auf diese Weise brachte sie ihnen das Evangelium nahe. Oft war sie auch als Organistin tätig und leitete die Chöre. So diente sie Gott. Für wie viele Arme und Bedürftige die Pfarrfrau eine Mutter in Christus geworden ist, lässt sich nicht überschauen. Selbstlos in ihrer ehrenamtliche Tätigkeit hat sie in der evangelischen Kirche gewirkt. Heute verliert das Pfarrhaus immer mehr an Bedeutung für die Gemeinde, weil viele Pfarrfrauen einem Beruf nachgehen und so den Dienst in der Gemeinde nicht leisten können.

In vielen Briefen, Predigten und Tischreden sowie in zahlreichen Schriften äußerte sich Luther über die Ehe nach Gottes Plan. Auch in dieser Beziehung hat er als Reformator das christliche Denken geprägt. Es sei Gottes heiliger Wille, dass die Liebe der Geschlechter zueinander verwirklicht werde. So wolle es die Schöpfung. Die Ehe sei lebensnotwendig. Sie diene zur Fortpflanzung des Menschengeschlechtes und sei zugleich zur Beglückung der Eheleute geschaffen. Sexualität solle ihren Platz nur in der Ehe finden. So sei sie gleich ein Heilmittel gegen die geschlechtliche Zügellosigkeit. Die Ehe dürfe unter dem Segen

Gottes stehen und solle Hilfe, Trost und Freude vom Wort der Heiligen Schrift empfangen. Sie sei ein „göttlich seliger Stand“. Die Ehe vollziehe sich im öffentlichen Leben und solle auch vor Zeugen öffentlich geschlossen werden. Es sei auch förderlich, wenn sie unter dem Segen der Eltern stehe. Gefahrvoll werde es aber, wenn Kinder zu einer Ehe gezwungen würden. Die Ehe sei etwas Heiliges und dürfe nicht missbraucht werden. Genauso wenig dürfe sie den Kindern verwehrt werden.

Auch wenn die Ehe der Fortpflanzung und der Erziehung der Kinder diene, dürfe sie nicht allein darauf beschränkt bleiben. In der Ehe solle einer dem andern in Liebe dienen. Nur so könne Ehe gedeihen. Die sexuelle Gemeinschaft in der Ehe dürfe sich nicht auf die Zeugung der Kinder beschränken. Sie dürfe in der Liebe und Freude der Ehepartner aneinander ihre Erfüllung finden. Nur der Tod scheide nach göttlichem Recht die Ehe. Und doch gebe es Gründe, die zur Scheidung führen können. Dazu zählen der Ehebruch, die Impotenz und die Verweigerung der ehelichen Gemeinschaft.

Sehr hoch dachte Luther von der Stellung der Frau in der Ehe. Sie sei zur Mutter berufen und werde darin zum Werkzeug für Gott. Auch wenn sie bei der Geburt ihres Kindes das Leben aufs Spiel setze, sterbe sie wahrhaftig „im edlen Werk und Gehorsam Gottes“. Als seine Käthe einmal schwer erkrankt war, rief er flehentlich aus: „Liebe Käthe, stirb mir ja nicht!“ Im Januar 1540 erlitt Käthe Luther eine Fehlgeburt. Dadurch geriet sie an den Rand des Todes. Nur das Gebet habe sie am Leben erhalten, bezeugte Luther. Aber es dauerte lange, bis sie sich von diesem schweren Schlag erholen konnte. Erst im März lernte sie langsam wieder das Laufen. Das zeigt die

Schwere ihres Leidens an. Als sich einmal Professoren der Universität nach ihrem Ergehen erkundigten, ließ sie ihnen mitteilen, sie habe die Zügel des Haushalts wieder an sich genommen und lerne, der nachlässigen, ungehorsamen Magd zu zürnen und sie zu tadeln. Käthe lebte zu dieser Zeit gerade auf dem Gut Zöllsdorf. Plötzlich verbreitete sich das Gerücht, die Türken seien im Anmarsch. Luther war um seine Frau sehr besorgt und schickte einen Boten mit folgender Nachricht zu ihr: „Verkaufe und bestelle alles, was du kannst, und komme heim. Denn als mich's ansieht, so will's Dreck regnen." So groß war seine Sorge um seine geliebte Käthe.

Wichtig war Luther auch die Erziehung der Kinder. Ihr maß er einen hohen Stellenwert bei. Eltern sollten ihre Kinder vor allem zum Glauben ermahnen und ihnen Christus vor die Seele stellen. Das Heil ihrer Kinder müsse ihnen wichtig sein. Und doch wusste Luther auch, dass Eltern ihre Kinder nicht zu Gott bekehren können. Dass ein Mensch zum Glauben finde, habe sich allein Gott vorbehalten. Aber wir als Eltern dürfen unsere Kinder segnen, ihnen viel Gutes tun, sie lieben und so ansehen, als seien sie schon die allerbesten Christen, alles andere aber getrost Gott überlassen. Eltern seien nicht Herren über das Leben ihrer Kinder, sondern diese seien ihnen nur für eine gewisse Zeit anvertraut. Den Kindern aber gebietete Gott, dass sie ihre Eltern lieben, ehren und ihre Autorität anerkennen sollen. So ruft Luther in Bezug auf Ehe und Familie aus: „O, ein wahrlich edler, großer, selger Stand, der eheliche Stand, so er recht gehalten wird. O, wirklich ein elender, erschrecklicher, gefährlicher Stand, so er nicht recht gehalten wird."

Luthers Leiden und sein Heimgang

Von seiner Konstitution her schien Luther ein recht robuster Mensch zu sein. Wie viele Strapazen hatte er besonders in der Zeit als junger Mönch auf sich genommen und sie unbeschadet überstanden. Und dann erst das Reisen! Ahnen wir eigentlich, wie beschwerlich früher die Wege ohne Zug, Auto oder Flugzeug waren? Nach Rom, Heidelberg und Augsburg lief Luther zu Fuß. Welch große Entfernungen legte er da zurück. Zunächst zeigten sich keine gesundheitlichen Probleme. Und doch muss man vermuten, dass eine stark überzogene Askese im Kloster zu Schädigungen seiner Gesundheit geführt hatte.

Besonders litt er schon seit jungen Jahren an Schlafstörungen. Mitunter erlegte er sich selbst in seiner Zeit als Mönch Nahrungsentzug auf und aß dann drei oder vier Tage lang überhaupt nichts. Dabei magerte er sehr ab. Auf seinen langen Reisewegen schützte Luther seine Tonsur nicht mit einer Kappe, sondern setzte sie der starken Sonnenbestrahlung aus. Das führte dann zu heftigen Kopfschmerzen. Es ist erstaunlich, dass Luther trotzdem eine so hohe Arbeitsbelastung auf sich nehmen konnte.

Oft bedrückten ihn auch Angst und Verzweiflung. In einem Brief an Melanchthon schreibt er, wie er in solchen Zeiten geradezu durch die Hölle gegangen und das Bild Christi ihm entschwunden sei. Als er einmal in Ohnmacht fiel, rechnete er sogar mit seinem frühen Tod. Er verabschiedete sich schon von seiner Frau und seinem Söhnchen Hans. Bugenhagen wurde gebeten, ihn aufzusuchen, damit er ihm die Beichte abnehme und ihm die Absolution erteile.

Die seelischen Leiden setzten Luther oft mehr zu als die körperlichen Nöte, und er brauchte manchmal mehrere Wochen, bis er sich wieder davon erholt hatte. Aber er blieb seines geistlichen Auftrags gewiss, die Reformation in Deutschland durchzuführen, und „sein“ Christus triumphierte auch inmitten seiner Verzweiflung.

Eine große Bedrohung für das Land war die Pest. Im August 1527 brach sie auch in Wittenberg aus und tobte bis zum Dezember dieses Jahres in der Stadt. Es gab eine ganze Reihe von Sterbefällen. Martin Luther geriet in Sorge um seine Frau, die wieder ein Kind erwartete, und um sein Söhnchen. Zum Glück kam die kleine Elisabeth am 10. Dezember 1527 gesund zur Welt. Aber schon acht Monate später wurde sie zu Grabe getragen. Im Verhältnis zu anderen Familien in Wittenberg blieb Martin Luther von der Pest verschont.

Am meisten machten Luther seine Nierensteine zu schaffen. Als er 1537 in Schmalkalden weilte, überfielen ihn Nierenkoliken. Am 18. Februar hatte er vormittags auf der Kanzel gestanden und gepredigt. Noch während seiner Ausführungen wurde er von schrecklichen Schmerzen geplagt. Er musste erbrechen und konnte vor allen Dingen kein Wasser lassen, was ihm furchtbare Qualen bereitete. An Schlaf war in den folgenden Tagen nicht zu denken. Verschiedene Ärzte mühten sich um ihn und versuchten, ihm mit einem Katheter Erleichterung zu verschaffen. Auch die Medikamente, meist Hausmittel, versagten ihre Hilfe. Seine Lage verschlimmerte sich, und er rechnete mit seinem baldigen Heimgang. Er bat seine Freunde, sich um seine Frau und Kinder zu kümmern. Der Kurfürst hatte Luther zugesagt, dass er seine Frau nicht dem Elend überlassen werde und er bekräftigte dies: „Denn euer Weib soll mein Weib sein, und eure Kinder sollen meine Kinder sein.“

Sorge machte sich Luther auch um die Situation der evangelischen Kirche. Er wollte unbedingt nach Hause reisen und lieber dort sterben, als vor den Augen des päpstlichen Legaten, der gerade in Schmalkalden anwesend war. So stellte ihm der Kurfürst am 26. Februar 1537 seinen Wagen zur Verfügung. Damals waren die Straßen holprig und voller Schlaglöcher. Das wurde Luther zu einer unerwarteten Rettung. Denn durch das Gerumpel und die Erschütterungen des Wagens nahm der Nierenstein eine andere Lage ein, so dass ein Gang freigelegt wurde, durch den der Urin abfließen konnte, wenn auch noch recht langsam und tröpfchenweise. Für Luther aber bedeutete dies eine gewaltige Erleichterung. Sein Herz war voller Dank Gott gegenüber. Es war ihm zumute, als sei ihm Gott selbst begegnet, und er nannte diese Stätte Phanuel, was bedeutet: „Gott ist mir erschienen". Er teilte diese große Erleichterung sofort seiner Frau und seinem Freund Melanchthon mit. So schreibt er: „In zwei Stunden sind wohl drei bis vier Liter Wasser von mir gegangen, und mich dünkt, ich sei wieder von neuem geboren." Aber schon am nächsten Tag holten ihn die Schmerzen in Gotha wieder ein.

In der Nacht zum 1. März fühlte er sich so elend, dass er Bugenhagen, der ihn auf seiner Reise begleitete, letzte Aufträge erteilte, wie es mit der Reformation weitergehen sollte. Bugenhagen zeichnete alles auf und nannte es das „erste Testament Luthers". Aber dann geschah das Wunder, dass in Gotha noch sechs Steine – einer war so groß wie eine Bohne – abgingen. Wieder erfuhr Luther eine deutliche Erleichterung. So konnte die Heimreise fortgesetzt werden. Kurz darauf schied er noch einmal zwei Steine aus. Luthers freudige Erleichterung, den „silbernen

Quell“ wiederzuhaben, ist sicher für jeden verständlich. Drei Wochen später konnte er seinem Freund Spalatin mitteilen, dass er sich allmählich von seiner entsetzlichen Schwäche erhole. Aber seine frühere Gesundheit konnte Luther nach den schweren Nierenkoliken nicht mehr wiedererlangen.

Andere Störungen stellten sich ein und machten ihm zu schaffen. So litt er unter Rheuma, Ischias, Schwindelanfällen und Darmbeschwerden. Eine Mittelohrentzündung bereitete ihm so furchtbare Schmerzen, dass ihm die Tränen in die Augen traten. Erst ein Trommelfelldurchbruch brachte ihm Erleichterung. Er musste sogar damit rechnen, dass er sein Gehör verlieren könnte. Doch diese Befürchtung trat nicht ein.

Die vielen Leiden hatten Luther müde und kraftlos gemacht. Er wurde lebenssatt, wie es ja auch von Abraham heißt, und teilte Melanchthon seine Not mit. Zuletzt büßte er noch einen Teil seiner Sehkraft durch eine Starerkrankung ein. „Alt, krank, ungestalt“, kam er sich vor. In einem Brief an Jakob Probst in Bremen beschrieb er sich als „Greis, abgelebt, träge, erschöpft, kalt und einäugig“. Auf einem Auge war er sehbehindert.

Der Arzt Dr. Schurf sagte Luther voraus, dass er an einem Schlaganfall sterben würde. Aber durch diese Nachricht ließ sich der kranke Luther nicht beunruhigen. Er wollte bloß auf ein „seliges Stündlein“ warten, und außerdem wusste er, das sein Leben in Gottes Hand ruhte. Sein Tod trat schließlich durch das Erlöschen der Herz- und Lungentätigkeit ein.

Luther war kein jammernder, wehleidiger Patient. Diätvorschriften hielt er oft nicht ein. Er wollte sich nicht zu Tode hungern und sagte: „Ich esse, was mir schmeckt, und leide danach, was ich kann.“ Er liebte eine reichliche „gute, gemeine Hausspeise“ und einen guten Trunk. Saftiges Schweinefleisch zog er dem trockenen Wild und Geflügel entschieden vor. Bei seiner Frau Käthe bestellte er sich trotz seines Steinleidens einen Brathering mit kalten Erbsen und Senf. Sie war darüber entsetzt, erfüllte ihm aber seinen Wunsch. Dann konnte er auch wiederum ein gehorsamer Patient sein und die Ratschläge der Ärzte befolgen, wenn es ihm auch manchmal schwer fiel. So schreibt er: „Ich bin damals genügend von den Ärzten gequält worden. Sie gaben mir zu trinken, als wenn ich ein Ochse wäre. Ich musste ihnen gehorsam sein und tat es notgedrungen, um nicht so auszusehen, als wollte ich meinen Körper vernachlässigen.“

Nach dem Mahl gönnte er sich meist einen kurzen Mittagsschlaf. Die Ärzte empfahlen ihm auch Badekuren, und er kommentiert diesen Ratschlag: „Ich bin damit zufrieden, das gefällt mir, dass die Ärzte ihrer Methode ergeben sind, aber sie sollen die Menschen nicht mit ihren Regeln gefangen nehmen.“ Bei seinen Ärzten galt er als ungeduldiger und unbequemer Patient. Etwas scherzhaft sagte er, dass die Ärzte mit ihren neuen Heilungsmethoden wohl bald wieder einen neuen Friedhof brauchen würden.

Die Medikamente, die sie dem Reformator verordneten, muten uns heute kurios an. So sollte er einen Trank zu sich nehmen, der aus Knoblauchsaft und Pferdemist bestand. Er wehrte sich gegen derlei Verordnungen und stieß sie von sich mit den Worten: „Kommt mir ja nicht wieder! Ich will lieber sterben.“ Er war der Meinung, dass die Ärzte, die solche Medizin verordneten, ihre Patienten ohne sorgfältige Prüfung behandelten. Er nannte sie verwegen. Aber umgekehrt gebe es auch zu ängstliche Doktoren, die mit ihrer Unentschiedenheit die Kranken ungeduldig werden ließen. Die Ärzte könnten ja nur mit der natürlichen Art von Krankheit und Heilung umgehen. Sie wüssten nicht, dass der Teufel überall seine Hand im Spiel habe, und gegen ihn brauchten die Menschen eine göttliche, höhere Arznei, nämlich Glaube und Gebet.

Luther litt auch unter schweren Gichtanfällen. Manchmal wand er sich vor Schmerzen. Für einen Trunk Wasser, der ihn erquickte, konnte er Gott nicht genug danken. Während der schweren Krankheitszeiten fiel es ihm nicht immer leicht, den Willen Gottes geduldig anzunehmen. Aber er wurde in seinem Leiden getröstet, weil er um viele gute Freunde wusste, die ihn in seiner Not und Krankheit vor Gott brachten. So schrieb er auch dem Gebet seiner Lieben die Heilung nach dem schweren Zusammenbruch in Schmalkalden zu. Sein bestes Rezept sah er in dem Vers aus Johannes 3,16: „Also hat Gott die Welt geliebt, dass er seinen eingeborenen Sohn gab, auf dass alle, die an ihn glauben, nicht verloren werden, sondern das ewige Leben haben."

Auch in der Arbeit, sei sie körperlicher oder geistiger Art, sah Martin Luther heilende Kräfte. Sobald es ihm besser ging, widmete er sich wieder seinen Aufgaben. Über die Schwere der Erkrankungen äußerte er sich fast nie ausführlich. Meist erwähnte er nur sein Leiden mit wenigen Worten. Man wird nicht bezweifeln können, dass es bei Luther zwischen seinen körperlichen Erkrankungen und seinen geistlichen Anfeindungen durch böse Mächte Berührungspunkte gab. Aber jede weiteren Spekulationen über solche Zusammenhänge sind uns verwehrt.

Besonders litt Luther schließlich unter heftigen Kopfschmerzen. Das Kopfweh schrieb er seinem hohen Alter zu. „Ich habe genug gelebt. Gott beschere mir ein selig Stündlein, darin der faule, unnütze Madensack unter die Erde komme zu seinem Volk und den Würmern zuteil werde“, teilte er der Kurfürstin in einem Brief mit. Im Blick auf die düstere Zukunft lag Luther nichts mehr am Leben. Eigentlich war es seine Hoffnung gewesen, dass er nun in dem verdienten Ruhestand leben könnte und Anspruch auf Muße hätte, aber noch immer bedrängten ihn Menschen mit ihren vielen Briefen und Anforderungen. So sollte er ein Buch über die Kirchenzucht schreiben, einen Sermon über die Trunksucht herausgeben und noch vieles mehr.

Luther musste oft in seinem Leben starke Anfechtungen durchleiden. Denken wir nur an das Ringen im Kloster mit der Frage nach dem gnädigen Gott! Für ihn war es nie etwas Selbstverständliches, dass ihm der Glaube an Gottes große Gnade gewiss blieb. Immer fragte er sich auch, ob er in der Beurteilung des kirchlichen Lebens und der Lehre allein Recht habe, und es bekümmerte ihn, dass sein bedingungsloser Einsatz so wenig Wirkung nach außen zeigte. Wenn er von Märtyrern hörte oder las, die um des Evangeliums willen ihr Leben gelassen hatten, empfand er zutiefst seine Unwürdigkeit, weil ihm dieses Martyrium versagt geblieben war.

Für viele Menschen wurde Luther ein Seelsorger. Er gab oft praktische Ratschläge, wie man Anfechtungen überwinden kann. Aber letztlich blieb ihm dies der wichtigste Trost: die Flucht zu Christus hin. Da empfängt der Mensch Gottes Barmherzigkeit. So schreibt er schon im Jahre 1516 an einen Freund, der unter der Anfechtung litt, wie er denn vor Gott gerecht sein könne: „Daher, mein lieber Bruder, lerne Christus, und zwar den gekreuzigten, lerne ihm zu singen und an dir selbst verzweifelnd zu ihm zu sprechen: Du, Herr Jesus, bist meine Gerechtigkeit, ich aber bin deine Sünde; du hast das Meine auf dich genommen und mir das Deine gegeben; du hast angenommen, was du nicht warst, und mir gegeben, was ich nicht war. Hüte dich, dass du niemals nach einer so großen Reinheit trachtest, dass du dir nicht als Sünder erscheinen oder gar kein Sünder sein willst. Denn Christus wohnt nur in Sündern."

In Matthäus 15,21-28 ist uns die Geschichte von der kanaanäischen Frau überliefert, die sich von Christus trotz seiner harten Rede nicht abweisen lässt. Luther sagt dazu: „Damit ist gezeigt, wie unser Herz steht in der Anfechtung. Wie sich's fühlet, so stellet sich hier Christus. Er meint nichts anderes als sein eitel Nein da, und ist doch nicht wahr. Darum muss sich's von solchem Fühlen kehren und das tiefe heimliche Ja unter und über dem Nein mit festem Glauben auf Gottes Wort fassen und halten und Gott Recht geben in seinem Urteil über uns, so haben wir gewonnen und fangen ihn in seinen eigenen Worten."

Luthers letzte Jahre waren von mancherlei seelischen Verstimmungen und Ärgernissen überschattet. Seine angeschlagene Gesundheit führte zu einer überhöhten Reizbarkeit, und gelegentlich konnte er auch in Zorn geraten und wütend werden. Er ärgerte sich über die Juristen und auch über die Theologen, die sich seinem großen Werk der Reformation hinderlich in den Weg stellten. Am meisten empörte ihn der Streit, der aus den eigenen Reihen kam.

Im Juli 1545 befand sich Luther auf einer Reise nach Leipzig. In Zeitz teilte er seiner Frau in einer Nachricht mit, dass er nicht mehr nach Wittenberg kommen wolle. In einem Brief vom 28. Juli schrieb er: „Meiner lieben Hausfrau Katharina Luther von Bora, Predigerin, Brauerin, Gärtnerin und was sie mehr sein mag, Gnade und Friede! Liebe Käthe, wie unsere Reise gegangen ist, wird dir unser Sohn Hans alles wohl berichten. ... Ich wollts gerne so machen, dass ich nicht wieder nach Wittenberg zu kommen brauchte. Mein Herz ist erkaltet, dass ich nicht gerne mehr da bin. Ich wollte auch, dass du Garten und Hufe, Haus und Hof verkauftest. Ebenso wollte ich M.G.H. das große Haus wiederschenken. Es wäre dein Bestes, dass du nach Zülsdorf übersiedeltest, dieweil ich noch lebe. Ich könnte dir mit der Besoldung wohl helfen, das Gütlein zu bessern. Denn ich hoffe, M.G.H. soll mir die Besoldung, zum wenigsten für das letzte Jahr meines Lebens, verabfolgen lassen. Nach meinem Tode werden dich die vier Elemente zu Wittenberg doch wohl nicht leiden, darum wäre es besser bei meinen Lebzeiten getan, was denn zu tun sein will. ... Ich bin der Stadt müde und will nicht wiederkommen, wozu mir Gott helfe."

Aber Käthe Luther setzte alles in Bewegung, ihm diese Pläne auszureden. Mit viel Mühe konnte sie ihn zur Rückkehr bewegen. Er sagte Ja dazu, zögerte aber die Fahrt bis zum 16. August hinaus. Es wurde beratschlagt, wie die Missstände, die Luther so verzweifelt sein ließen, beseitigt werden könnten, und man versprach ihm Abhilfe. Dennoch darf man bei all den Widerständen, die Martin Luther zu verkraften hatte, sich ihn nicht als einen verbitterten, griesgrämigen, alten Mann vorstellen. Bis in seine letzten Tage blieb ihm sein Humor und das Vertrauen zu Gott erhalten. Er blieb ein Mensch voller Vertrauen und wollte wirken, solange Gott ihm die Kraft schenkte.

Er war hoch begabt und ein Genie. Geniale Menschen leiden oft unter Einsamkeit. Doch bei Luther war dies nicht der Fall. Treue Freunde und tapfere Mitarbeiter umgaben ihn. Sie liebten ihn, verehrten ihn, und manchmal fürchteten sie sich auch vor ihm. Wie sehr dankte er Gott, dass er mit vielen Christen in der Gemeinschaft des Glaubens leben konnte. Luther hoffte, dass für ihn bald der große Tag von Gottes Herrlichkeit anbrechen werde. Aber diese Sicht der Ewigkeit ließ ihn nicht die Hände in den Schoß legen. Er sagte sich: „Wenn morgen die Welt unterginge, so würde ich heute noch mein Apfelbäumchen pflanzen und meine Schulden bezahlen." Er nahm es ernst mit seiner Verantwortung und seinen Pflichten. Gewiss machte er sich Sorgen um den Fortgang der Reformation; aber er kämpfte gegen den Missmut an. So rief er zum Gebet für Deutschland auf und schrieb in einem Brief an seinen bewährten Freund und Mitstreiter Wenzelslaus Link vom 20. Juni 1543: „Ich lasse von unseren Kirchen kein trauriges Bild zurück, sondern ein durch reine und lautere Lehre blühendes, das noch von Tag zu Tag besser wird durch vortreffliche und aufrichtige Hirten."

Luthers Leben war von viel Kampf geprägt, aber er strebte immer Versöhnung an. Oft wurde er in schwierigen Streitereien als Vermittler eingeschaltet. So lagen die Grafen von Mansfeld, denen sich Martin Luther durch seinen Geburtsort besonders verbunden wusste, wegen verschiedenen Rechtsansprüchen im Streit miteinander. Graf Albrecht III., der angestammte Landesherr Luthers, hatte sich sehr früh für die Reformation eingesetzt. Aber er war sonst ein schwieriger Mensch und hatte keinen guten Ruf. Mit seinen Vettern hatte er sich überworfen. Auch mit seinem Bruder stand er auf Kriegsfuß. Die Arbeiter, die in seinem Bergbau beschäftigt waren, fühlten sich ausgenutzt. Die Grafen wurden immer reicher und die Untertanen immer ärmer. Hier schaltete sich Luther in die Auseinandersetzungen ein und wollte Frieden stiften. Zweimal mussten die Verhandlungen ergebnislos abgebrochen werden. Nun war eine dritte Reise für Ende Januar 1546 geplant. In Eisleben sollte die Zusammenkunft stattfinden. Begleitet wurde Luther von seinen Söhnen Hans, Martin und Paul, seinem Famulus Johann Aurifaber, der Luthers Tischgespräche aufgezeichnet hat, und seinem Diener und Hauslehrer Rudtfeld. In Halle stieß noch Justus Jonas zu der Gruppe.

Als sie in Halle eintrafen, hatte die Saale gerade Hochwasser. Drei Tage lang war kein Weiterkommen möglich, da die Überschwemmung durch plötzliche Schneeschmelze und heftig einsetzenden Regen große Ausmaße angenommen hatte. Darüber berichtet Luther am 25. Januar seiner Frau: „Liebe Käthe! Wir sind heute um acht Uhr aus Halle abgefahren, aber nicht nach Eisleben gekommen, denn es begegnete uns eine große Wiedertäuferin mit Wasserwogen und großen Eisschollen, die bedrohte uns mit der Wiedertaufe und hat das Land bedeckt. Ebenso konnten wir nicht wieder zurück wegen der Mulde und müssen hier zu Halle zwischen den Wassern gefangen liegen. Nicht, dass uns danach dürstete, sie zu trinken, wir nehmen dafür gutes Torgauer Bier und guten rheinischen Wein, damit laben wir uns und trösten uns so lange, bis die Saale wieder zu zürnen aufhören wollte. Denn weil die Leute und der Fährmeister selbst kleinmütig waren, haben wir uns nicht ins Wasser begeben und Gott versuchen wollen. Denn der Teufel ist uns gram und wohnet im Wasser. Es ist besser sich vorgesehen als nachher geklagt, und es ist nicht nötig, dass wir dem Papst samt seinem Anhang eine Narrenfreude machen sollten. Ich hätte nicht gemeint, dass die Saale eine solche Überschwemmung anrichten könnte, dass sie über die Steine und alles hinweg so rumpeln sollte. Für jetzt nichts mehr. Betet für uns und seid fromm. Ich glaube: Wärest du hier gewesen, so hättest du uns auch geraten, so zu tun. Das schreibe ich, damit du siehst, dass wir deinem Rat auch einmal folgen. Hiermit sei Gott befohlen! Amen."

Am nächsten Tag predigte Luther in der Kirche zu Halle, und am 28. Januar 1546 konnte die Reise fortgesetzt werden. Sie wagten die Überfahrt über die Saale, die noch viel Wasser führte. An der Grenze zu Mansfeld wurden sie schon von einem 100 Mann starken stattlichen Geleitzug von Reitern empfangen und erreichten am 29. Januar Eisleben. Kurz vor der Stadt erlitt Luther einen Ohnmachtsanfall. In einem Brief, der etwas scherzhaft gehalten ist, berichtet er seiner Frau darüber. Er sei selbst schuld an diesem Anfall, denn er habe geschwitzt und sich danach erkältet. Es sei ein eiskalter Wind durch den Wagen gebraust, als wollte er ihm das Gehirn zu Eis frieren lassen. Er unterschrieb den Brief mit: „Martin Luther, dein altes Liebchen!"

Die Verhandlungen, die Luther mit den Grafen zu Mansfeld zu führen hatte, kamen in den langwierigen Gesprächen zu keinem Ergebnis. Er gewann den Eindruck, die Teufel hätten sich hier an diesem Ort versammelt. Am liebsten hätte er in seinem Zorn seinen Wagen schmieren lassen und die Heimreise angetreten. In seinem letzten Brief an Käthe konnte er aber doch noch schreiben: „Gott hat große Gnade erzeigt, denn die Herren haben durch ihre Räte fast alles verglichen. ... Ich will sie zu mir zu Gast bitten, dass sie auch miteinander reden. Denn bisher sind sie stumm gewesen und haben sich durch Briefe hart verbittert. Sonst sind die jungen Herren fröhlich. ...So muss man mit Händen greifen, dass Gott Erhörer der Gebete ist. Ich schicke dir Forellen, die mir die Gräfin Albrecht geschenkt hat. Die ist der Einigkeit von Herzen froh."

Dieser letzte Brief erreichte Käthe Luther am Todestag ihres Mannes. Nach der vierten Predigt in Eisleben musste er mit den Worten vorzeitig den Gottesdienst abbrechen: „Ich bin zu schwach, wir wollen's hierbei bleiben lassen."

Luthers letzte Eintragungen fand man nach seinem Tod auf dem Tisch liegen. „Die Heilige Schrift meine niemand genug geschmeckt zu haben, wenn er nicht 100 Jahre mit den Propheten die Kirche regiert hat. Deshalb ist es ein ungeheures Wunder erstens mit Johannes dem Täufer, zweitens mit Christus, drittens mit den Aposteln. Du versuche nicht, diese göttliche Aeneis zu erforschen, sondern bete gebeugt ihre Spuren an. Wir sind Bettler, das ist wahr!"

Luthers Tod

Nach längeren Verhandlungen mit den Grafen zog sich Luther am 17. Februar 1546 in sein Zimmer zurück. Justus Jonas und Michael Cölius, der Hofprediger von Mansfeld, blieben bei ihm. Immer wieder sammelte Luther seine Sinne zum Gebet. Als habe er eine Todesahnung, sagte er etwas nachdenklich: „Ich bin hier zu Eisleben getauft, wie, wenn ich hier bleiben sollte?" Zuversichtlich ging er noch zu Tisch, und das Essen schmeckte ihm. Ernsthafte und fröhliche Gespräche, auch über das Wiedersehen nach dem Tod, wurden geführt. Dann spürte Luther einen Druck auf seiner Brust. Als er sich in seine Stube zurückzog, überfielen ihn starke Beklemmungen auf der Brust. Man holte nasse Tücher herbei und rieb ihn ab. Medikamente wurden ihm gereicht. Abends fiel er in einen kurzen Schlaf. Seine Söhne sowie Jonas und Cölius wachten an seinem Bett. Luther wollte sie wegschicken und ging von seinem Sofa im Wohnzimmer ins Schlafgemach. Dabei sprach er die Worte: „In deine Hände befehle ich meinen Geist, du hast mich erlöst, Herr, du treuer Gott" (Psalm 31,6). Er schlief bis gegen ein Uhr. Die Brustschmerzen wurden heftiger, und er legte sich wieder auf das Ruhebett in der Stube. Zwei Ärzte und der Stadtschreiber wurden herbeigeholt. Auch die beiden wieder ausgesöhnten Grafen von Mansfeld mit ihren Frauen waren gekommen.

Luther ahnte, dass nun sein Heimgang kurz bevorstand. Er dankte Gott für all seine Güte. Er habe ihm seinen Sohn, Jesus Christus, als Heiland und Herr geschenkt, und ihm empfahl er seine Söhne. Noch einmal sprach er den schon erwähnten Vers aus Psalm 31. Danach wurde er still. Jonas und Cölius riefen ihm laut ins Ohr: „Verehrter Vater, wollt ihr auf Christus und die Lehre, wie ihr gepredigt, beständig bleiben?" Luther sprach ein deutliches: „Ja." Das war sein letztes Wort. Um drei Uhr am 18. Februar 1546 hauchte Luther sein Leben aus. Er wurde in ein langes Gewand aus Leinen gehüllt und in einen Zinnsarg gelegt. Hunderte von Menschen zogen an dem aufgebahrten Sarg vorbei und nahmen Abschied von dem großen Reformator. Zwei Maler porträtierten das Antlitz des Toten. Am 19. Februar hielt Justus Jonas die Trauerpredigt über 1. Thessalonicher 4,13-18. Die Totenwache übernahmen zehn Männer der Stadt, bis der Tote am 20. Februar 1546 nach Wittenberg überführt wurde. In den Orten, durch die der Leichenwagen fuhr, läuteten die Glocken. Die Menschen strömten zusammen und erwiesen Luther die letzte Ehre.

Der Trauerzug erreichte Wittenberg am 22. Februar. Melanchthon hatte den Studenten den Heimgang von Martin Luther mitgeteilt: „Ach, dahingegangen ist der Wagenlenker und Wagen Israels, welcher die Kirche in diesem greisen Alter der Welt regiert hat." In der Schlosskirche zu Wittenberg wurde Martin Luther beigesetzt. Den Zug dorthin begleiteten Geistliche, Lehrer und Schüler. Sie sangen Begräbnislieder. Auch die Mansfelder Grafen und die Abgeordneten des Kurfürsten folgten dem langen Trauermarsch. Direkt hinter dem Leichenwagen fuhr Käthe Luther in einem einfachen Wägelchen. Einige Frauen begleiteten sie auf der Fahrt. Ihnen folgten die drei Söhne mit den Verwandten und dann die vielen Bürger und Bürgerinnen der Stadt. Die Traueransprache hielt Bugenhagen. Er predigte mit großer Herzlichkeit und Wärme, aber auch mit vollem Ernst. Auch Melanchthon trat auf die Kanzel und hielt seine Rede in lateinischer Sprache. Er würdigte die Leistung, die Luther für die Erneuerung der Kirche vollbracht hatte. Er sei ein von Gott auserwähltes, gutes Werkzeug gewesen, um die Christenheit mit der rechten Lehre auf den Weg des Glaubens zu bringen. Sein Mut und sein Einsatz seien bewundernswert gewesen. Wenn er manchmal heftig und ungehalten gewesen sei, so sei dies seinem Eifer für die Wahrheit zuzuschreiben. Melanchthons Rede gipfelte in dem Satz: „Wir haben einen Vater verloren. Gott hat ihn in die Schar der Vollendeten aufgenommen und hat das Tor zur Herrlichkeit für seinen tapferen Streiter weit aufgestoßen."

Es war auch Melanchthon gewesen, der Käthe Luther die Nachricht vom Tode ihres Mannes überbracht hatte. Sie war untröstlich über diesen Verlust. Nach Luthers Tod blieben ihr noch sechseinhalb Jahre, die aber von Kummer und Gram gezeichnet waren. Die Kriegszeiten, in denen sie leben musste, waren nur schwer zu durchstehen. Hinzu kam, dass sie von Wittenberg fliehen musste, weil dort wieder einmal die Pest ausgebrochen war. Auf der Flucht im Jahre 1552 stürzte Käthe so unglücklich aus der Pferdekutsche, dass sie sich nicht mehr davon erholen konnte. Sie starb bald darauf, und ihr Grabstein steht in der Kirche zu Torgau.

Wenn wir Luther recht würdigen wollen, dann müssen wir besonders hervorheben, dass er ein genialer Theologe, Sprachschöpfer, Künstler, Held, Prediger und Seelsorger war. Er hatte in seiner Zeit einen prophetische Auftrag von Gott erhalten. Er selbst bekannte: „Bin ich nicht ein Prophet, so bin ich doch gewiss, dass das Wort Gottes bei mir ist, und nicht bei ihnen (beim Papst und seinen Anhängern)." Er vermittelte den Menschen Gottes Willen und wurde ein Rufer zu Gott wie Johannes der Täufer in der Wüste. Er war sich dessen gewiss, dass ihn Gott zu einem einmaligen Auftrag berufen hatte, und fühlte sich seinem Volk gegenüber verpflichtet. Ihm lag es am Herzen, die Menschen vor dem Gericht Gottes zu warnen: „Ich will Deutschland wahrsagen, nicht aus den Sternen, sondern ich verkündige ihnen den Zorn Gottes aus der Theologie; denn es ist unmöglich, dass Deutschland ohne schwere Schläge bleiben wird, weil Gott ja jeden Tag gereizt wird, uns zu verderben. ... Es wird ein solcher Jammer über

Deutschland kommen, dass man sagen wird: Hier hat Deutschland gestanden." Diese Sicht beschwerte natürlich Luthers Herz und Gemüt sehr, aber ihm blieben das Gebet und die Hoffnung auf Gottes barmherzige Gnade am Tage des Gerichts.

Noch in unseren Tagen ist Martin Luther ein Rufer zu Gott. Walther von Loewenich schließt seine Biografie Luthers mit den Worten: „Entscheidend ist, dass sich auch unsere Generation seinen prophetischen Dienst gefallen lässt."

Aussprüche Martin Luthers

Gebet
Über das Vaterunser

Je weniger Worte, desto besser ist das Gebet. Ein Christ soll nicht viel reden, wenn er betet, wie die Heiden; denn so steht es auch in der Schrift. Wer Gott anbeten will, muss dies im Geist und in der Wahrheit tun. Solche Anbeter gefallen Gott. Das bloße Plappern mit dem Mund ohne innere Andacht ist verwerflich. Vor den Leuten mag es Ansehen finden, aber es ist nicht wahrhaftig. Das geistliche, wahre Gebet ist das innerliche Verlangen, das Begehren nach Gott von Herzensgrund. In der Begegnung mit Gott liegt so viel Gnade. In tiefer Demut auch ohne Worte darf der Christ vor Gott liegen und sein Wirken erfahren. Ein solches Gebet tut dem Teufel weh und ärgert ihn. Wir sollen auch nicht ohne innere Sammlung und mit Unmut vor Gott treten. Die Andacht des Herzens ist für die Begegnung mit Gott entscheidend. Deshalb steht in den Psalmen oft das Wort „Sela!“ Es bedeutet, dass der Beter innehalten und still werden soll. Das höchste und edelste Gebet ist das Vaterunser. Jesus hat es seinen Jüngern anvertraut, als sie ihn baten: „Herr, lehre uns beten!“

Das sollen wir wissen, dass all unser Schirm und Schutz allein in dem Gebet steht.

Es ist auch eine große Herrlichkeit, dass sich die hohe Majestät gegen uns arme Würmlein so herunterlässt, dass wir dürfen gegen ihn den Mund auftun und er uns gerne zuhört. Aber dies ist viel herrlicher und köstlicher, dass er mit uns redet und wir ihm zuhören.

Herr, es steht nicht in meinem Willen, dass ich bete oder nicht bete, du hast's geboten, darum erkenne ich, dass ich dir gehorsam sein soll.

Kurz soll man beten, aber oft und stark.

Wie ein Schuster einen Schuh macht und ein Schneider einen Rock, also soll ein Christ beten. Eines Christen Handwerk ist Beten.

Christsein

Ein Christ sein ist, das Evangelium haben und daran glauben.

Ein christlich Leben steht in drei Stücken: in Glauben, Liebe und Kreuz.

Ein Christ ist ein solcher Mensch, der gar keinen Hass noch Feindschaft wider jemand weiß, keinen Zorn noch Rache in seinem Herzen hat, sondern eitel Liebe, Sanftmut und Wohltat.

Ein Christ soll wenig Wort und viele Taten machen.

Ein Christ soll ein fröhlicher Mensch sein.

Wir sind des Herrn Christi Eigentum. Er wird das Seine wohl bewahren; und wir Christen sind auch Herren über Tod, Sünde und Teufel, die sollen keine Macht an uns finden.

Christus
Christus trägt uns auf seinem Rücken vor den Vater.

Ich weiß nichts und will nichts wissen in göttlichen Sachen als nur allein von meinem Herrn Christus, der soll allein alles sein, was meine Seligkeit betrifft und zwischen mir und Gott zu handeln ist.

Dankbarkeit
Wir können Gott kein größer noch besser Werk tun noch edleren Gottesdienst erzeigen denn danken.

Bibel
Die Heilige Schrift ist ein Kräutlein; je mehr du es reibst, desto mehr duftet es.

Man soll ein Wort der Schrift zur Hand nehmen und es so lange schmecken und kauen, bis es ganz in unser Wesen eingegangen ist.

Die Heilige Schrift ist das Höchste, es ist ein göttliches Buch, voller Trost in allen Anfechtungen.

So ist's um die Heilige Schrift bestellt: Wenn man meinet, man habe sie ausgelernt, so muss man erst anfangen.

Wie einer lieset in der Bibel, so steht in seinem Haus der Giebel.

Es ist auf Erden kein klareres Buch geschrieben als die Heilige Schrift; sie ist gegenüber anderen Büchern wie die Sonne im Vergleich mit jedem anderen Licht.

Evangelium
Das Evangelium bietet uns an: Gottes Gabe und Geschenk, Hilfe und Heil, heißt uns nur den Sack herhalten und uns lassen geben.

Der wahre Schatz der Kirche ist das heilige Evangelium von der Herrlichkeit und Gnade Christi.

Glaube
Glaube ist eine lebendige, verwegene Zuversicht auf Gottes Gnade.

Glaube heißt auf die Barmherzigkeit gewiss trauen und bauen.

Wo Glaube anfängt, da lässt die Versuchung nicht lange auf sich warten.

Wo Glaube ist, da ist auch Lachen.

Glaube heißt, dass einer durch ein unmöglich Ding hindurchbrechen soll. Er geht hinein ins Meer, als wenn kein Wasser da wäre, in den Tod, als wenn kein Tod da wäre, und fällt Christus um den Hals, als wenn es niemals Sünde gegeben hätte.

Wie viel einer glaubt, so viel hat er.

Das ist eigentlich des Glaubens Natur, dass er seine Kraft in Furcht, im Tode, in Sünden und allem, was einen Menschen furchtsam und verzagt macht, beweist. Wo kein Glaube ist, da ist eitel Furcht, Angst, Scheu und Traurigkeit.

Jesus Christus
Man muss den Mann ansehen, welcher Jesus heißt.

Christus ist ein fester Grund der Seligkeit und ein unüberwindlicher Felsen allen, die an ihn glauben.

Wo auch immer Christus ist, da ist Licht.

Gott ist gewiss unser Vater und unser Gott, aber doch beides allein durch Christus.

Was man an Christus spart, wird man zehnfältig dem Teufel zutragen.

Der Glaube ist ein steter und unverwandter Blick auf Christus.

Auferstehung
Ich wollte niemals einen anderen Gedanken haben als den: Die Auferstehung ist für mich geschehen.

Unser Leben ist vorerst ein Leben mitten im Tode, und dennoch bleibt auch mitten im Tod die Hoffnung auf das Leben erhalten.

Das Herz ist so klein und die Auferstehung so groß, dass das Herz sie nicht fassen kann. Hast du noch ein erschrockenes Herz, so ist er in deinem Herzen noch nicht auferstanden.

Gewissen
Ein verzagt und betrübt Gewissen wieder aufzurichten, ist viel mehr als ein Königreich erobern.

Es ist weder sicher noch geraten, etwas wider das Gewissen zu tun.

Gute Werke
Glaube ist ein göttlich Werk in uns, das uns wandelt und neu gebiert aus Gott und tötet den alten Adam, macht uns zu ganz anderen Menschen von Herzen, Mut und allen Kräften und bringt den Heiligen Geist mit sich. O, es ist ein lebendig, geschäftig, tätig, mächtig Ding um den Glauben, dass es unmöglich ist, dass er nicht ohne Unterlass nicht sollte Gutes wirken. Er fragt auch nicht, ob gute Werke zu tun sind, sondern ehe man fragt, hat er sie getan, und ist immer im Tun.

Sollen die Werke gut sein, so muss zuvor der Mann gut und fromm sein, der sie tut; denn wo nichts Gutes inne ist, kommt nichts Gutes aus.

Ein gutes Werk ist das, was anderen wohl tut.

Arbeit und Beruf
Gott sorgt, wir aber sollen arbeiten.

Wenn ich mein Handwerk treibe und arbeite, so weiß ich, dass es Gott wohl gefalle, denn es ist sein göttlicher Befehl ... Da werden dann alle Stände gleich im Glauben. Denn Gott sieht nicht, wie groß oder klein dein Stand sei, wenn du ihn annimmst als von Gott gegeben. Wenn eine arme Dienstmagd das Haus kehrt und tut solches im Glauben an Christus, so tut sie ein besseres Werk und einen größeren Gottesdienst, als Antonius in der Wüste getan hat.

Ein Schuster, ein Schmied, ein Bauer, ein jeder seines Handwerks Amt und Werk hat, und sind doch alle zumal geweihte Bischöfe und Priester, und ein jeder soll in seinem Amt und Werk dem anderen nützlich sein.

Gnade

So wenig ihr der Sonne ihren Schein wehren könnt, so viel weniger könnt ihr die Gnade Gottes binden, die keinen Grund, Höhe, Ziel noch Maß, Anfang und Ende hat.

Zorn Gottes

Kein größerer Zorn ist, als wenn Gott still schweigt und redet nicht mit uns, sondern lässt uns in unserem Sinn und Wesen also hingehen und machen, wie es uns gelüstet.

Der allergrößte Zorn Gottes ist, wenn er sein Wort wegnimmt und nicht mehr mit uns redet oder wenn er es die Leute verachten lässt.

Die Zehn Gebote

Die Zehn Gebote hat Gott selbst gegeben.

Kein gut Werk ist außer den Zehn Geboten Gottes.

Weil unser Fleisch ständig schwach ist, deshalb muss man die Zehn Gebote immer predigen.

Gott fürchten und vertrauen erfüllt alle Gebote.

Führung Gottes
Gott hat mich geführt wie einen Gaul, dem die Augen verdeckt sind, damit er die nicht sieht, die auf ihn zurennen.

Geborgenheit
All unser Leben bis in den Tod hinein liegt in dem Schoß göttlicher Barmherzigkeit verschlossen.

Gott lässt wohl sinken, aber nicht ertrinken.

Zuversicht
Lasset uns ja auf Jesus Christus in aller Zuversicht unser Vertrauen setzen. Wenn ich wüsste, dass morgen die Welt unterginge, würde ich heute noch ein Apfelbäumchen pflanzen.

Kirche
Wo das Wort Gottes bleibt, da bleibt gewisslich auch die Kirche. Heilig ist die Kirche, das ist wahr; aber heilig sein heißt nicht, hier auf Erden ohne Sünde und Irrtum sein, sondern es heißt, im Geist heilig sein durch Gottes Wort.

Wir sind es doch nicht, die die Kirche erhalten können. Unsere Vorfahren sind es auch nicht gewesen. Unsere Nachkommen werden's auch nicht sein, sondern der ist's gewesen, ist's noch und wird's sein, der da sagt: „Ich bin bei euch alle Tage bis an der Welt Ende."

Darum hat Gott die Gemeinde gegeben, damit keiner allein gegen den Teufel kämpfen muss.

Leid

Ohne Kreuz kommen wir nicht zur Herrlichkeit. Der Glaube ist nimmermehr stärker und herrlicher, denn wenn die Trübsal und Anfechtung am größten sind.

Wenn du eine Rose Christi bist, so wisse, dass dein Wandel unter Dornen sein muss.

Meine Leiden waren für mich eine gute Lehre. Sie haben mich demütig gemacht.

Freude

Die Freude ist der Doktorhut des Glaubens.

Es ist dem lieben Gott recht, wenn du einmal aus Herzensgrund dich freust oder lachst.

Viel Reichtum tröstet nicht so sehr wie ein fröhliches Herz.

Gott will, dass wir fröhlich seien und hasst die Traurigkeit. Wenn er uns traurig haben wollte, gäbe er uns nicht die Sonne, den Mond und die anderen irdischen Genüsse, die er alle spendet zur Fröhlichkeit.

Gesang

Singen ist eine feine, edle Kunst und Übung. Wer singt, der sorgt nicht viel. Er schlägt alle Sorgen aus und ist guter Dinge. Unser Singen verdrießt den Teufel und tut ihm weh.

Welt

Die Welt ist wie ein trunkener Bauer; hebt man ihn auf der einen Seite in den Sattel, so fällt er auf der anderen Seite wieder herab.

Gott hat uns nicht aus der Welt hinaus-, sondern in die Welt hineingewiesen.

Weisheit

Die wahre Weisheit besteht darin, sich selbst und Gott zu erkennen.

Wer nicht versucht ist, der weiß nichts.

Zeit

Es ist ein groß Stück Weisheit zu wissen, dass das Gelingen sich nur zu seiner Zeit einstellt.

> Des Morgens lobe deinen Gott,
> des Mittags iss in Fried dein Brot,
> des Abends denk an deinen Tod,
> des Nachts verschlafe deine Not.

Ehe

Ach, lieber Herrgott, die Ehe ist nicht etwas Natürliches oder Naturbedingtes, sondern sie ist ein Geschenk Gottes.

Die höchste Gnade Gottes ist es, wenn in der Ehe die Liebe dauernd blüht.

Freundschaft
Es soll keiner einen für seinen vertrauten Freund halten, er habe denn zuvor einen Scheffel Salz mit ihm gegessen.

Gott zum Freund haben ist tröstlicher als aller Welt Freundschaft haben.

Essen
Gott gibt mir Brot und Wasser nicht darum, dass ich essen und trinken soll wie ein Pferd oder Esel, sondern dass ich aus einer solchen leiblichen Gabe seine Güte erkennen und mich derselben auch in anderen Nöten trösten soll.

Frauen
Eine Frau ist der beste Gefährte fürs Leben.

Es ist kein lieber Ding auf Erden als Frauenliebe, wem sie kann zuteil werden.

Engel
Wenn uns Gott nicht die lieben heiligen Engel zu Hütern und Heckenschützen zugegeben, welche gleich einer Wagenburg sich um uns lagern, so wäre es bald mit uns aus.

Gaben Gottes
Gott sorgt täglich auch für unseren Leib.

Gott gibt durch Kreaturen.

Gleichwohl ist's ein Wunder, dass wir dennoch in einer solchen Schwachheit so große Dinge ausrichten. Aber unser Herrgott, der gibt's.

Friede
Der christliche Friede ist im Herzen, ob es gleich außen große Verfolgung, Angst, Not und Widerwärtigkeit leidet.

Es ist wohl ein halb Himmelreich, wo Friede ist.

Anfechtung
Wenn ich noch länger leben sollte, möchte ich gerne ein Buch über Anfechtung schreiben, denn ohne sie kann ein Mensch weder die Heilige Schrift noch den Glauben oder die Furcht und Liebe Gottes verstehen; ja, wer niemals in Anfechtungen war, kann nicht wissen, was Hoffnung ist.

Das ganze Leben ist eine Kette von Anfechtung. Meine Nachtkriege sind schwerer als meine Tagkriege.

Trost
Herzliebster Herr Jesus, was für ein großer Stein schwerer Anfechtungen und Gedanken liegt auf mei-

nem Herzen. Ach, meine Seele ist mit Traurigkeit beladen und bedeckt, dass der Trost deines süßen Evangeliums nicht hineinfließen kann. Erbarme dich mein! Lege deine starke Hand an und halte die große Angst und Trauer fern von meinem Herzen. Nimm mir meine Anfechtung und große Schwermut, dass ich Luft kriege und dein heilsames, erquickendes Lebenswasser mein ohnmächtiges Herz kühlt und erfrischt, dass mein Geist wieder lebendig werde und meine Seele und Leib in dir, o lebendiger Gott, sich zeitlich und ewig erfreuen mögen.

Herr, wir wollen uns von keinem Schrecken überwältigen lassen, sondern uns als die erweisen, welche um einen ganz anderen Trost wissen, als alle Welt hat. Andere verlassen sich auf ihre irdische Gewalt und auf ihr Glück, wir aber wollen uns damit trösten, dass wir einen Gott haben, der uns gewiss beistehen wird.

Träume

Ich habe ja zuweilen auch Träume, die mich manchmal bewegen. Ich verachte sie aber und habe mit dem Herrn, meinem Gott, einen Vertrag gemacht, dass ich Mose und den Propheten glauben will. Denn für dieses Leben begehre ich keine Träume und ich habe sie auch für das zukünftige Leben nicht nötig.

Tod

Wir sind alle zum Tode gefordert, und wird keiner für den anderen sterben, sondern ein jeglicher in eigener Person muss geharnischt und gerüstet sein für sich selbst, mit dem Tod und dem Teufel zu kämpfen. Ich werde dann nicht bei dir sein, und du nicht bei mir ... Allhier sollen wir alle in der Bibel wohl bewandert sein und mit vielen Sprüchen gerüstet, sie dem Teufel entgegenzuhalten.

Luthers letzte Worte am 16. Februar 1546
Wir sind Bettler, das ist wahr.

Autorenadresse:
Lotte Bormuth
Sperberweg 8a
35043 Marburg
Telefon 06421/41347

Weitere Lebensbilder von Lotte Bormuth

Käthe Kollwitz – Aus dem Leben einer engagierten Künstlerin
ISBN 3-86122-804-1
80 Seiten, kartoniert

Ob es das Leid der Soldatenmütter oder das Elend verhärmter Arbeiterkinder war – Käthe Kollwitz fasste das harte Los der einfachen Menschen in Grafiken von beeindruckender Kraft und Dramatik.
Lotte Bormuths Lebensbild zeichnet ein Vorbild im besten Sinne: ein Mensch, der im Glauben an einen gerechten Gott ein Licht der Nächstenliebe anzündete.

Fröhlich soll mein Herze springen
Aus dem Leben von Paul Gerhardt
ISBN 3-86122-735-5
112 Seiten, Taschenbuch

Von der Wiege bis zum Grab – von *Breit uns die Flügel beide* ... bis zu ... *wer so stirbt, der stirbt wohl* – gibt es keine Erfahrungen im Leben eines Christen, die Paul Gerhardt nicht in kostbare seelsorgerliche Worte gefasst hätte.
Liedtexte von einer so unerhörten Tiefe konnte nur ein Mensch formulieren, dem nichts erspart geblieben ist im Leben. Warum dieser Mann dennoch voller Glaubenszuversicht sein konnte, dieser Frage geht Lotte Bormuth auf den Grund.